Gambero Rosso

SUSHI

SUSHI del Gambero Rosso

direttore
Laura Mantovano

curatore
Pina Sozio

collaboratori
Silvia Cittadini
Indra Galbo
Valentina Marino
Carmela Panetta
Marina Savoia

schede
Renée Abou Jaudé
Michele Armano
Maurizio Bertera
Antonio Boco
Luca Bonacini
Chiara Buosi
Marco Cambiaghi
Giuseppe Carrus
Francesca Ciancio
Serena Ciurcina
Stefano Cosma
Andrea Cuomo
Paolo De Cristofaro
Antonella De Santis
Laura Di Pietrantonio
Agnese Fioretti
Piermichele Gamba
Rosalba Graglia
Veronica Marzini
Paola Mencarelli
Francesca Naccarato
Antonio Paolini
Fiorella Perrone
Arabella Pezza
Leonardo Romanelli
Chiara Sicola
Maurizio Uliano
Valentina Venturato
Giulia Zampieri
Ilaria Zomer

progetto grafico e impaginazione
Chiara Buosi

Gambero Rosso®
Gambero Rosso S.p.A.
via Ottavio Gasparri, 13/17
00152 Roma
tel. 06 551121
fax 06 55112 260
www.gamberorosso.it
guide@gamberorosso.it

responsabile grafica
Chiara Buosi

produzione
Angelica Sorbara

responsabile distribuzione e vendita prodotti editoriali
Eugenia Durando

concessionaria di pubblicità
Class Pubblicità S.p.A.
Via Marco Burigozzo, 5
Milano
tel. 02 58219522
e-mail: kanchieri@class.it

distribuzione in libreria
Messaggerie Libri S.p.A.
via Verdi, 8
20090 Assago (MI)
tel. 02 457741
fax 02 45701032

codice ISBN
978-88-6641-203-8

stampato per conto di Gambero Rosso S.p.A.
nel mese di maggio 2021
da Tipografia Facciotti Srl
Vicolo Pian Due Torri, 74
00146 Roma

Sommario

In punta di bacchetta

Per quanto siano ben definiti rituali e usanze del sushi in Giappone, l'esportazione di una cultura così distante in Occidente e, nello specifico da noi, nel cuore del Mediterraneo, ha significato per forza di cose dar vita a incroci, cambiamenti ed evoluzioni.
Ci hanno chiesto spesso come avremmo fatto a mettere insieme più di 250 indirizzi in materia, dato che la ristorazione giapponese non è poi così diffusa al di fuori di alcune zone d'elezione, come la Lombardia. Lo abbiamo anticipato in copertina e lo spieghiamo meglio qui: in questa guida sono presenti, ovviamente, i ristoranti puramente giapponesi, ma non solo. L'immensa cultura gastronomica del paese del Sol Levante è stata nel mondo ispirazione per miriadi di contaminazioni creative, a partire proprio dal sushi, simbolo nazionale. Da essa sono nate la cucina nikkei e nippo-brasiliana (viste le enormi comunità di espatriati giapponesi in Perù e in Brasile); la cucina creativa contemporanea (quella spagnola in primis) non potrebbe dirsi la stessa senza le tecniche apprese dai cuochi giapponesi; la stessa tradizione nipponica vanta numerosi piatti che sono frutto di intrecci ed evoluzioni di preparazioni cinesi o coreane.
Oltre a questo, dato che, ad esempio, la maggioranza delle attività ristorative di settore nel nostro paese sono state avviate da imprenditori e cuochi della comunità cinese, non mancano in queste pagine anche locali asiatici, cinesi o fusion. Così come non mancano locali italianissimi, con chef innamorati della cultura nipponica, o insegne che ammiccano al gusto italiano, mixando i sapori del Mediterraneo con le tecniche del sushi, ristoranti che si concentrano, e lo fanno bene, sulle forme del sushi che forse i giapponesi giudicherebbero poco ortodosse.

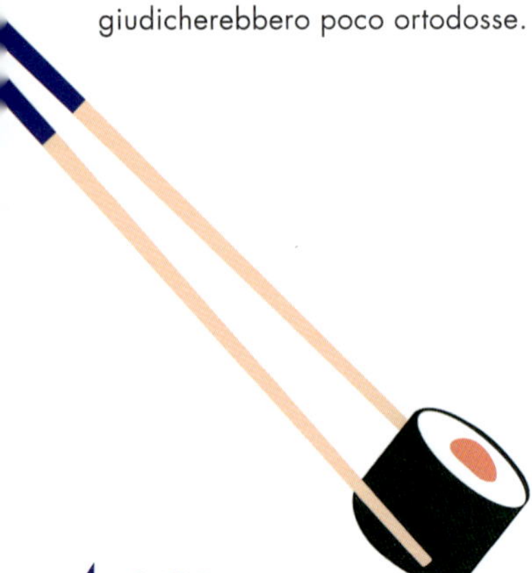

Gli uramaki, ad esempio, fanno storcere il naso agli integralisti: i roll, o California roll, emblema della contaminazione occidentale (sono nati per mano di chef giapponesi negli Stati Uniti), spesso conditi con formaggio fresco, con mille colori e sapori, appaiono molto distanti dall'essenzialità e dal nitore che contraddistingue l'arte del sushi. Ma dato che questa è una guida che fotografa il panorama italiano, ove ben fatti ci sono anche loro, ci sono i tantissimi ristoranti che delle contaminazioni hanno fatto una bandiera e quindi, se meritevoli di nota, con tutte le carte in regola per avere cittadinanza tra queste pagine.
Dovuta questa precisazione, dobbiamo dire però che il rispetto dell'ortodossia nipponica è stata il punto di partenza per elaborare questa nostra nuova mappa dedicata al sushi: la base di giudizio è stata prima di tutto tarata sui grandi cuochi e ristoratori giapponesi che in Italia hanno importato un pezzo importante della loro cultura. Troverete i loro nomi tra i premiati (Tre Bacchette e premi speciali), non solo perché fautori di grandi insegne, ma anche perché pionieri della divulgazione dei sapori di un mondo che per noi, qualche decennio fa, era lontanissimo e inaccessibile. Sono cuochi molto attivi, spesso riuniti in associazioni (come la milanese AIRG, l'associazione italiana dei ristoratori giapponesi), professionisti che si sono spesi per far conoscere in Italia prodotti del Sol Levante, dal pesce al mitico sakè (il Jetro - Japan External Trade Organization - ne ha selezionati alcuni come "Japan food supporter"), in uno scambio continuo che ha fatto crescere loro e noi. Basti solo pensare a quanto siano aumentate in Italia alcune produzioni agricole, in primis quella di riso per sushi, in zone vocate come il vercellese.

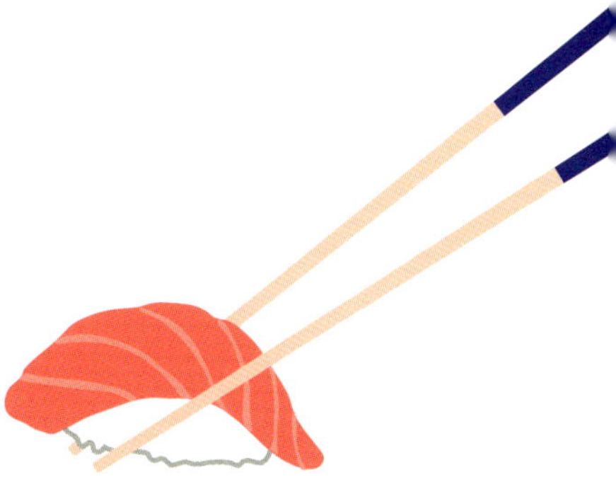

L'ABC del Sushi

Come tante delle preparazioni più note della gastronomia mondiale, il sushi nasce anticamente, in vari paesi del sud est asiatico, come un metodo di conservazione: il pesce, eviscerato e salato, veniva conservato all'interno del riso cotto che, fermentando, permetteva alla materia prima ittica di durare anche svariati mesi.
Per arrivare alla preparazione nelle sembianze con le quali la conosciamo oggi dobbiamo però risalire all'epoca Edo, un periodo durato più di due secoli (a partire dal XVII) nel quale l'isolamento del Giappone dal contesto internazionale permise il consolidarsi di usi e costumi ancora oggi caratteristici della cultura del Sol Levante. In quel periodo a Tokyo si diffuse l'usanza di consumare l'haya-zushi (il sushi veloce), pesce, o verdure, accompagnate da riso bollito acidulato con aceto (che somigliava all'antico gusto del riso fermentato). Già nel 1800 i nigiri-zushi erano un popolare street food venduto nelle bancarelle della città.

Come si consuma

Il sushi va consumato in un unico boccone, per apprezzarne equilibrio e armonia (per questo le dimensioni e i tagli sono così importanti!), con le bacchette, oppure con le mani, se forniti del classico tovagliolo umido (oshibori) con il quale è d'uso pulirsi dopo ogni boccone.

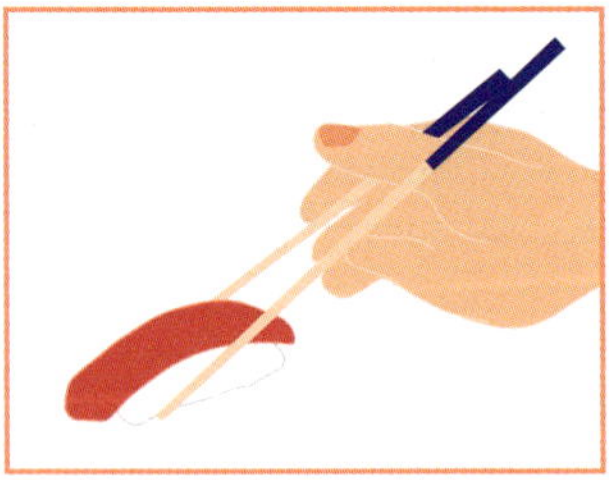

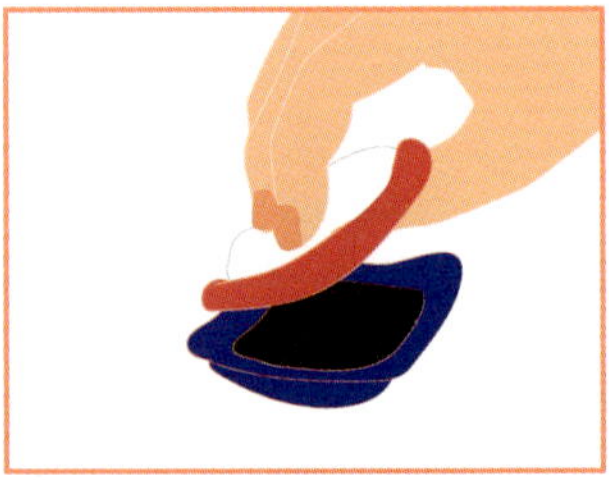

Gli Ingredienti

IL RISO

Il riso è protagonista e simbolo nell'intera cultura giapponese, non solo per il sushi: bevande e fermentati a base di riso svolgono un ruolo fondamentale nelle tradizioni e nella spiritualità nipponiche. I gruppi varietali si dividono in due principali categorie, japonica e indica. Quello che li differenzia, visivamente, è il rapporto tra lunghezza e larghezza del chicco. La varietà coltivata e utilizzata in Giappone rientra nella sottocategoria del riso a chicco piccolo e tondeggiante (in Italia definito "originario"). Quello che più si adatta alla preparazione del sushi ha un granello traslucido e cristallino, privo di difetto alcuno, con caratteristiche di amido ben definite per dare la giusta collosità in cottura. Importantissimo è il mix con gli altri ingredienti, come il condimento e il pesce: il sapore del riso deve rimanere dolce e delicato, i chicchi sodi, ben definiti e intatti al morso.

IL PESCE

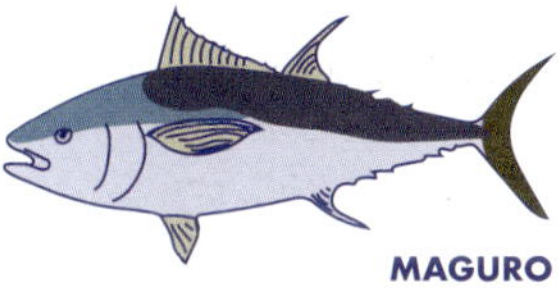

MAGURO

Sono numerose le tipologie di pesce, molluschi, crostacei utilizzate nel sushi, ma possiamo dire che sicuramente salmone (sake) e tonno (maguro) sono quelli che non mancano mai. Il salmone è la specie più usata nella ristorazione italiana, soprattutto quello dell'Atlantico, sia selvaggio che da allevamento (nella maggior parte dei casi). Il tonno rosso o Blue Fin è l'ingrediente principe per i giapponesi: dei tagli utilizzati per il sushi spesso sono indicate tre diverse gradazioni rispetto alla percentuale di grasso presente nella carne. Akami, il filetto, la parte più magra, dal colore rosso vivo; chu-toro, la parte iniziale della ventresca, con una percentuale di 40-50% di grasso sulla carne; o-toro, il culmine delle infiltrazioni di grasso, scioglievole, la parte più pregiata, ideale per i sashimi.

SAKE

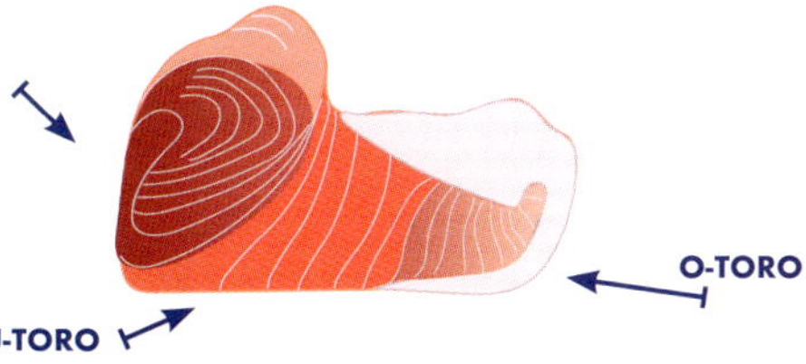

LE ALGHE

Fonte di vitamine e minerali, le alghe hanno un ruolo importante nella cucina giapponese, dalle wakame alle kombu. La più conosciuta e utilizzata per il sushi è la nori, versione essiccata ottenuta dall'alga Porphyra tenera. Il luogo in cui sono coltivate (mari incontaminati) e il momento della raccolta influenzano molto la resa organolettica dell'alga. I fogli di nori in Giappone sono classificati in 9 gradi qualitativi, mentre nello standard internazionale gli viene assegnato un colore o una lettera: il grado più alto A, o il corrispondente colore Oro, sono le alghe dal colore verde più scuro, quasi nero, con uno spessore uniforme, croccanti ma che si sciolgono facilmente in bocca, non gommose, con un sapore marino e terroso allo stesso tempo.

IL WASABI

Pasta di colore verde ottenuta dalla radice dell'Eutrema Japonicum, detto anche ravanello giapponese, dalle forti proprietà digestive e antibatteriche. Secondo la regola giapponese, nei nigiri il wasabi dovrebbe essere già compreso nella preparazione fatta dal cuoco e non aggiunto autonomamente a tavola, né tanto meno mischiato con la salsa di soia. Nelle versioni più commerciali e occidentalizzate, la pasta è ottenuta da una polvere addizionata di rafano e poi diluita con acqua.

LA SALSA DI SOIA

Fermentato prodotto a partire dai fagioli di soia. Quella di alta qualità è a fermentazione naturale, proteica e non eccessivamente salata, ma armonica nell'equilibrio dei gusti (umami compreso).
Il suo ruolo è comprimario nella degustazione del sushi: il riso non dovrebbe esserne impregnato, quindi è sbagliato affogarvi dentro il boccone. La salsa di soia dovrebbe toccare solo la parte del pesce in quantità minima, per non influenzarne il sapore.

LO ZENZERO

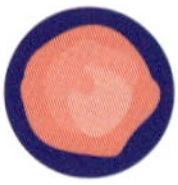

Potentissimo alleato della medicina tradizionale d'Oriente, lo zenzero era usato fin dall'antichità per le sue proprietà antisettiche e antibatteriche. Oggi, nella fruizione del sushi, in versione marinata, è funzionale alla pulizia del palato tra un assaggio e l'altro, in modo da preparare la bocca alla degustazione dei diversi tipi di pesce e abbinamenti.

Le forme

NIGIRI

Il sushi più popolare in Giappone è una pallina di riso modellata in forma oblunga, con estrema perizia manuale, sulla quale viene poggiata ad arte una fettina di pesce. Nel ricettario classico, tra riso e pesce si posiziona una piccola quantità di wasabi. Importantissima nei nigiri la qualità del pesce, ma anche del riso, la cottura e il condimento di quest'ultimo, la calibratura dei due elementi nell'armonia del boccone.

SASHIMI

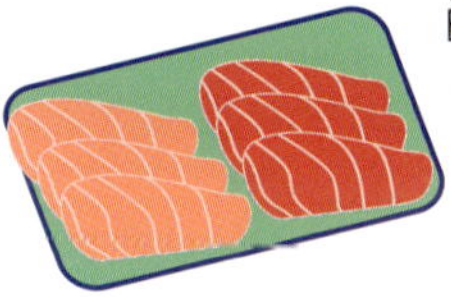

È l'unica variante senza riso, in effetti in Giappone è considerato un genere a sé. Consiste in fettine di pesce di forma rettangolare, dello spessore di circa mezzo centimetro, che possono essere accompagnate da daikon o shiso.

Data l'essenzialità della preparazione, in essa giocano un ruolo fondamentale la freschezza, la grassezza e la tipologia del pesce, insieme alla precisione del taglio.

CHIRASHI

La classica ciotola di riso, servito con topping di pesce o verdure, disposti con equilibrio ed armonia. Tra le forme più antiche del sushi.

GUNKAN

Tipo di nigiri che contiene gli ingredienti come in una barca. Una pallina di riso leggermente pressato, sulla quale si adagiano altri ingredienti, come uova o tartare di pesce, avvolti da un'alga, ma anche da strisce di pesce o di verdura.

TEMARI

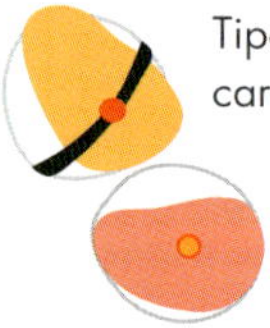

Tipo di sushi, originario di Kyoto, dalla caratteristica forma sferica, che prende il nome da una tradizionale palla da gioco di stoffa ricamata. La polpetta di riso viene ricoperta da pesce, verdure o altri ingredienti.

OSHI SUSHI

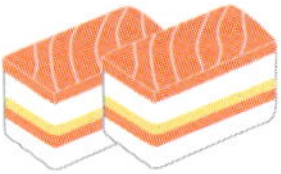

Non molto diffuso nell'offerta ristorativa italiana, l'oshizushi è una variante di sushi pressato in uno stampo rettangolare (oshibako) nel quale il riso viene sormontato da una tartare di pesce, ma anche da funghi, verdure o alghe: la preparazione varia molto in Giappone da prefettura a prefettura.

ONIGIRI

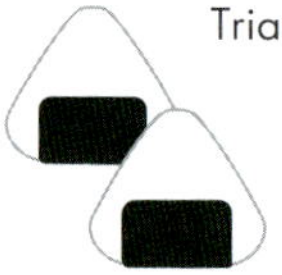

Triangoli di riso ripieni di pesce, verdura o frutta, considerati un cibo di strada. Di solito hanno una striscia di alga nori su un lato per essere afferrati con comodità e vengono serviti in botteghe specializzate (onigiri-ya).

MAKI-ZUSHI
il sushi arrotolato

HOSOMAKI

Un piccolo rotolo di alga che contiene il riso e un altro ingrediente, solitamente pesce, posto al centro della composizione. La forma deve essere circolare, l'insieme compatto, con l'alga ben incollata.

FUTOMAKI

Più grande rispetto all'hosomaki, questo rotolo di alga ha forma circolare e compatta e contiene riso, pesce e verdura (o frutta). I tre ingredienti devono essere posizionati bene al centro del riso.

TEMAKI

Coni di alga nori ripieni di riso, pesce e verdure, nascono probabilmente negli anni '70 a Tokyo, nel celebre mercato del pesce. Nella quotidianità costituiscono un pasto completo e sostanzioso dalla forma pratica, che permette una fruizione veloce, per questo sono considerati un cibo di strada.

URAMAKI

Frutto della contaminazione tra cultura giapponese e statunitense, l'uramaki nasce secondo molti in California (per questo viene anche detto California Roll). Deve il suo nome (uramaki vuol dire "rotolo al contrario") al fatto che l'alga non si trova all'esterno del riso, come negli altri maki, ma all'interno, con la funzione di contenere gli ingredienti di farcitura.

Q-EAT™
Valorizza la tua attività.
#inseguilaqualità
Mostra ai clienti l'eccellenza e la qualità dei tuoi prodotti!
scopri di più su: www.q-eat.eu

TRE BACCHETTE

Q-EAT™

DNA CONTROLLED
NEW
KENJI
Sushi Rice
東北
寿司
NEW
KENJI
SUSHI RICE
TUTTO IL SAPORE D'ORIENTE
IN UN RISO 100% MADE IN ITALY
Prodotto da MUNDIRISO - Vercelli
info@mundiriso.com | T. 0161 282828
www.mundiriso.com

Premio Speciale

NEW KENJI

I MAESTRI DEL SUSHI

Haruo Ichikawa
Ichikawa - MILANO
pag 49

Yoshinobu Kurio
Yoshinobu - MILANO
pag 61

Hirazawa Minoru
Poporoya e Shiro Poporoya - MILANO
pag 57 e 59

Ikeda Osamu
Osaka - MILANO
pag 56

Wicky Prian
Wicky's Innovative Japanese Cuisine - MILANO
pag 60

Kato Shozo
Tomoyoshi Endo - MILANO
pag 60

Masashi Suzuki
Iyo Omakase - MILANO
pag 50

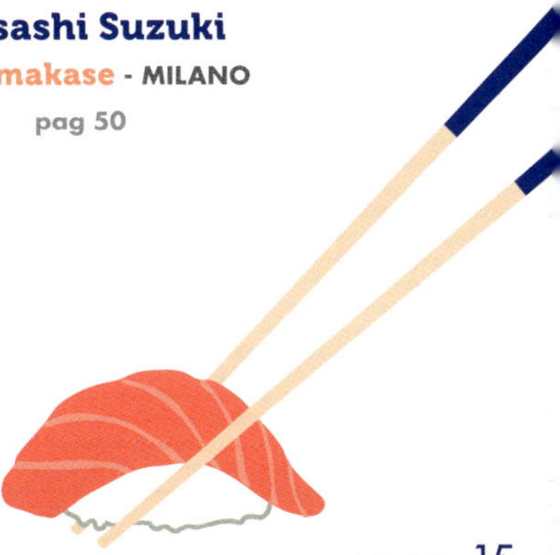

Premio Speciale

MIGLIOR PROPOSTA DI ABBINAMENTO SUSHI BEVANDE

Iyo Omakase
MILANO
pag 50

Perchè dovresti utilizzare Q-Eat?

Valorizzi la tua attività
Certifichi la tua qualità
Gestisci al meglio il tuo ristorante con un'unica piattaforma (prenotazioni, ordini e take away)

+ 700
RISTORANTI REGISTRATI

oltre 80 MLN
DI CHILI DI PRODOTTI TRACCIATI

+ 50
PRODOTTI DIFFERENTI

LA GUIDA

TRE BACCHETTE

i migliori locali presenti sul territorio nazionale

SPECIFICHE

CHIUSO riposo settimanale

PREZZO il prezzo riportato (in euro) si riferisce al costo di un pasto tipo escluso il vino

CARTE DI CREDITO

AE	American Express
POS	Bancomat
CSi	Carta Si
DC	Diners Club
MC	Master Card
VISA	Visa

tavoli all'aperto

servizio di asporto

servizio di consegna a domicilio

VALLE D'AOSTA

AOSTA

MaMa

via Petigat, 4

0165060481 **CHIUSO** domenica, lunedì e martedì

mamarestaurant.org € 40 tutte

GIAPPONESE. Non è il classico ristorante di sushi, bensì un vero e proprio progetto che coniuga la passione per la cucina all'amore per l'ospitalità dei fratelli Ansaldo, Marco e Maurizio (appunto "MaMa"). Nel 2010 Marco ha frequentato in USA la California Sushi Academy e poi, tornato in Valle, ha deciso di inaugurare questo locale col fratello Maurizio. Siamo all'interno di una caratteristica villa di inizi '900, ricca di atmosfera, fascino e magia. Il menu spazia dai piatti più caratteristici della gastronomia nipponica, come i sashimi, i maki, il maiale tonkatsu e i ramen, a specialità più fusion, che variano a seconda di mercato e ispirazione. Particolarità dei roll la presentazione molto curata e la possibilità di personalizzarli (con ingredienti anche solo vegetariani). Da assaggiare i dessert fatti in casa. La cantina è ben fornita di etichette prevalentemente italiane e valdostane, oltre a qualche birra artigianale. Sorridente e competente il servizio di sala.

Oishi Japanese Restaurant

via E. Aubert, 74

3383392779 **CHIUSO** sempre aperto

€ 30 tutte

ASIATICO. Nel cuore di Aosta, un locale caratterizzato da sobri arredi in stile asiatico, col plus di un bel dehors per la stagione calda. La cucina contempla specialità cinesi, thai e giapponesi e i (numerosissimi) piatti presenti nel menu sono di buona fattura e belli da vedere (del resto "oishi" tradotto dal nipponico significa "delizioso"). Si parte alla scoperta della tradizione gastronomica del Sol Levante assaggiando prima i piatti freddi, come i più classici mix di sushi e sashimi, fatti con cura e ben presentati; si prosegue poi con i vari maki e nigiri, le tartare, i carpacci e con un'ampia scelta di udon, ramen e soba, riso saltato con pesce o verdure e tempura. Intelligenti le proposte dedicate a vegani e intolleranti al glutine. Da bere ci sono birre cinesi, giapponesi e qualche etichetta di vino italiano, oltre al tè verde e lo "sfuso" della casa. Menu fisso a pranzo; servizio take away tutti i giorni a mezzogiorno e sera.

AOSTA

Oriental Bambù Sushi Bar

v.le Conseil Des Commis, 10

016540769 **CHIUSO** sempre aperto

orientalbambu.com **€** 30 tutte

ASIATICO. Inaugurato nel 2005 da una coppia italo-cinese (Achille e Li Fen), è un punto di riferimento in città per gli amanti della cucina fusion. Specialità cinesi, thailandesi e giapponesi da provare all'interno di un ambiente elegante e caratterizzato da affascinanti arredi orientali. Più contenuta la proposta del pranzo, che propone menu selezionati e take away. Classica l'offerta serale, che varia dai crudi (sushi, sashimi, chirashi, tartare e insalate) alle pietanze tradizionali della cucina giapponese, da consumare - volendo - presso il tipico angolo sushi bar. Buone le zuppe calde, la tempura di pesce e verdure, il tataki di tonno scottato con sesamo, gli spiedini kushi o yakitori e l'unagi, la grassa anguilla cotta alla griglia con salsa di soia. Interessante l'originale lista di piatti thailandesi e cinesi, ben presentati e disponibili, su prenotazione, per l'asporto. Da bere ci sono birre esotiche e vini bianchi prevalentemente italiani o locali.

COURMAYEUR [AO]

SushiBall

s.da Regionale, 10

3495522464 **CHIUSO** lunedì; aperto solo la sera

sushiball.it **€** 40 tutte

GIAPPONESE. Sushi e bollicine ai piedi del Monte Bianco: è questa l'idea (vincente) a cui ha dato vita nel 2015 Marco Salvato, un passato da chirurgo odontoiatra. Informale ed essenziale, ha il suo punto di forza nell'articolata carta di vini e bevande, che si possono consumare anche per un aperitivo tête-à-tête. Si parte bene con i crudi, tra cui le tartare e i sashimi, ma sono da assaggiare gli uramaki dello chef realizzati con ingredienti selezionati e locali, come lo Skyway (a base di salmone norvegese e stracchino Panizzi di Courmayeur) o il Mont Blanc, con branzino e robiola vaccina sempre a km zero. Dal menu anche piatti per vegetariani e insolite creazioni "a sorpresa". La carta dei vini contempla soprattutto bollicine italiane e francesi, ma una parte è dedicata alle birre giapponesi e locali, che Marco saprà suggerire con passione e competenza. Su prenotazione - basta un semplice sms - tutti i piatti sono take away e delivery.

PIEMONTE

ALBA [CN]
Hasu

via Camillo Benso Conte di Cavour, 10

0172442732 **CHIUSO** lunedì
€ 35 CSi, Visa, MC, POS

GIAPPONESE. La prima cosa che colpisce è la location: si entra da un cortile interno (possibile il servizio in dehors) e si scende nell'interrato in una splendida cantina in mattoni e volte a botte. Ambiente molto curato, materia prima di qualità. Ottimi i nigiri di tonno, salmone, branzino e gambero cotto: tagli ottimali per verso e spessore che esaltano la grassezza senza saturare il boccone, precisa la cottura del riso, ben bilanciato l'aceto. Nell'uramaki Newstyle Spicytuna (con tonno impanato, senape piccante, avocado e fette di tonno crudo) prevale l'estetica sul gusto, mentre è delizioso il sashimi di salmone. Curiosa la salsa agrodolce/piccante (di solito abbinata al teppanyaki), generoso anche il wasabi. Oltre quanto detto, gunkan, hosomaki, temaki, chirashi e, nel centinaio di proposte complessive, troverete pure antipasti, ramen, insalate, carni e dolci. Interessanti le barche con vari assaggini e la proposte a menu fisso intorno ai 35 euro. Bibite, birre e una contenuta cantina; interessanti i cocktail. Gentilezza dell'accoglienza e buon servizio.

ASTI
Wei Sushi

c.so V. Alfieri, 83

0141234072 **CHIUSO** sempre aperto
weisushi.it € 30 CSi, Visa, MC, POS

GIAPPONESE. Materia prima di qualità, abbinamenti riusciti e fuori dalle solite ricette. Naturalmente sushi di buon prodotto ed esperta tecnica, ma qui è ancor più curioso sperimentare alcune specialità meno comuni fra le oltre cento in carta. Hosomaki, nigiri e gunkan di ottima fattura, molto interessanti gli antipasti, fra cui gli straordinari scampi e passion fruit; chirashi in stato di grazia per qualità degli ingredienti e cottura del riso ottimale, sapientemente dosata di aceto. Chicca dell'insegna sono gli uramaki, in cui ci si sbizzarrisce con accostamenti centrati quali il Mango chili, il Dragon roll con l'anguilla e l'Ebiflo (gambero in tempura, tartare di salmone, fiore di zucca sempre in tempura, ikura e salsa teriyaki) presente solo in estate. Di buona fattura il ramen, pasta fresca e riso convincono. Interessante il menu pranzo; la cantina presenta una notevole scelta che copre parecchio territorio nazionale con prevalenza, ovviamente, di bianchi e bollicine. Servizio gentile.

BRA [CN]
Tako Bra

c.so G. Garibaldi, 7

3395917667 **CHIUSO** sempre aperto

tako.digimenu.it € 40 tutte

FUSION. Un locale raffinato accoglie gli avventori che arrivano qui per gustare una cucina di ispirazione giapponese, che non disdegna contaminazioni tra esotismi e prodotti italici. Oltre alle portate calde, dalle zuppe ai Dum-Plin, dalle tempure agli springroll di gambero, il sushi fa da protagonista in menu, con numerose proposte. Ben fatti i sashimi (il mix è un'ottima opzione, con ombrina, tonno, salmone, ecc.) e i classici nigiri con capasanta, ricciola o branzino crudi (da assaggiare anche le versioni cotte). Poi i più creativi uramaki di gambero rosso di Sicilia e avocado, oppure sarde in tempura, crema acida e aria di lime o, ancora, incontri di frontiera come il Bramaki, con salsiccia di Bra, porro fondente e pasta kataifi. In abbinamento una carta dei vini ben assortita, che privilegia bollicine e bianchi, insieme a cocktail, birre e qualche referenza di sakè. Sul versante delivery consegna in tutta la provincia di Cuneo.

FOSSANO [CN]
Hizumo

via San Giovanni Bosco, 3

0172633215 **CHIUSO** lunedì e martedì

hizumo.it € 35 CSi, Visa, MC, POS

GIAPPONESE. Il claim dell'insegna di Paolo Ravera è "sushi & sakè", quindi è su questi elementi che la proposta si concentra, con divagazioni fusion (come poke e temaki) o piatti caldi, come tempura, gyoza e tataki, mentre, sul versante bere, ai tanti sakè selezionati si affianca qualche birra, vino e cocktail. Tornando al sushi, insieme ai classici sashimi di tonno o ricciola, troviamo varie tipologie di nigiri (con capasanta, con anguilla al teriyaki, con salmone scottato e scaglie di tonnetto affumicato), hosomaki (con tartare piccante, con zucca dolce giapponese), uramaki (con ricciola e avocado, pollo fritto e maionese, con gamberone in tempura e salsa teriyaki), di buona fattura ed equilibrati nei vari componenti. Non mancano vari tipi di mix e menu, anche vegetariani, e i dolci, dal tiramisù al matcha alla tartelletta allo yuzu. Per il delivery, anche fuori comune, sul sito c'è una piattaforma di ecommerce dedicata.

NOVARA
Shabu

p.zza Piazza Martiri della Libertà, 5

0321494242 **CHIUSO** lunedì

shabunovara.it **€** 40 tutte

FUSION. Nato nel 2012 in Lombardia, il marchio Shabu ormai vanta vari locali in Italia (qui in Piemonte anche a Torino, in c.so Inghilterra, 35). Interessante e raffinata la cornice che ospita l'insegna di Novara, nello storico Palazzo Venezia. Nel menu - di ispirazione giapponese, con tocchi fusion - tutto il repertorio del sushi, con una predilezione per i roll proposti in tante varianti, da quelli al tonno (come il Crispy Tuna, con gamberi e avocado in tempura) alle proposte al salmone (ad esempio l'Almond, con avocado, formaggio cremoso, scaglie di mandorla e salsa teriyaki). Poi sashimi di ricciola o gambero rosso di Mazara del Vallo e proposte meno classiche, come il gunkan Bra, con avocado, salsiccia scottata e salsa al tartufo. Non mancano piatti caldi come ravioli, tempura e riso al salto. Per gli amanti del genere, oltre alla carta, c'è anche il menu "A tutto sushi" a 26 euro. In cantina una quarantina di referenze non scontate tra bianchi e bollicine. Servizio cordiale.

ROSTA [TO]
Le Petit Restaurant Japonais

via Chiesa, 23

3409624553 **CHIUSO** domenica, aperto solo la sera lepetitrestaurantjaponais.com

€ 40 CSi, Visa, MC, POS

GIAPPONESE. Il trasferimento nella sede di Rosta (il locale aveva debuttato a Piossasco) ha segnato la piena maturità per l'insegna di Naomi Sonoda e Simone Oberto. Simone accoglie con garbo e professionalità gli ospiti, in un ambiente rilassato e personale. La cucina di Naomi parla la lingua del conforto, con piatti autentici, legati alla memoria del suo Giappone e, in particolare, della zona di Miyazaki. Dopo il cavallo di battaglia dei gyoza fatti a mano o il calore di ramen e zuppe, c'è spazio anche per le varie forme del sushi: dal curato chirashi ai saporiti maki (con gamberi e lattuga, ad esempio, o con tonno e maionese), l'ottima materia prima, la cottura precisa del riso, l'equilibrio degli elementi fanno la loro figura. Poi ancora proposte come i nikumaki onigiri (involtini di carne ripieni di riso), pollo Nanbam e dolci ben fatti. I menu mensili sono fissi, comprensivi di bevande e vanno dal 6 portate a 40 euro fino al percorso per gli amanti della carne di Wagyu, a 90 euro. Per gli abbinamenti si pesca tra una buona lista di birre, sakè, vini e distillati; il servizio gira con precisione. Prenotare sempre.

TORINO
Arcadia

galleria Subalpina, 16

0115613898 **CHIUSO** sempre aperto

ristorantearcadia.com **€** 40 tutte

FUSION. Gli ampi saloni a volte della Galleria Subalpina fanno da meravigliosa cornice ad un locale che, oltre a essere un ristorante di cucina italiana, annovera al suo interno un valido sushi bar. Freschezza e qualità delle materie prime selezionate si evincono al primo assaggio, a partire proprio dai classici nigiri o sashimi di pesce. Ma regalano pari soddisfazione anche gli sfiziosi roll dai vari ripieni, come il Mexican roll di tonno piccante con tobiko, avocado e cipollotto fritto, o l'Anacardi Salmon, con salmone, anacardi e rucola (avvolto in una crespella), così come gli special roll, i temaki e i vari poké, da abbinare a riso sushi, venere o quinoa. Ci si diverte anche degustando vari assaggi di pesce crudo con il Bento box, la barca sushi e sashimi o il nutrito menu giapponese da degustazione. Ampia scelta di vini e bollicine dall'Italia e dal mondo, più una scelta di birre italiane e giapponesi. Ambiente curato, personale gentile e professionale.

Fuzion Food

via A. Volta, 4b

3462124341 **CHIUSO** sempre aperto

fuzionfood.it **€** 30 tutte

FUSION. Il bancone del bar, una bella sala dalle pareti blu, con grandi decori artistici, e un piacevole dehors. In questo scenario lo chef Domenico Volgare propone la sua "fuzion experience", un'originale esperienza che mescola preparazioni asiatiche e mediterranee (spesso ispirate ai prodotti e alla cucina della Puglia, sua regione di origine) accompagnate da una selezione di vini da tutta Italia, birre artigianali e cocktail. I roll sono avvolti da un foglio di soia, che esalta i sapori e gli ingredienti mediterranei, e per la bagna del riso piemontese di varietà Selenio si utilizza il Moscato d'Asti, che dona un sapore fresco e fruttato. Nel "sushi mediterraneo" ci sono salsiccia di Fassone della Granda, Robiola di Roccaverano, pomodorini del Piennolo, olive taggiasche, extravergine bio pugliese. Tra le proposte di maggior successo, il sushi vegan (zucca hokkaido, cavolo di Moncalieri, salsa teriyaki) o il Chicken Taggiasche, con pollo cotto a bassa temperatura, crema di formaggio Bra tenero, olive taggiasche, zucca hokkaido e salsa piccante Thai. Tutto ben raccontato e presentato dallo chef.

Homu

c.so F. Turati, 9a

011818282 **CHIUSO** sempre aperto

ristorantehomu.it **€** 40 tutte

GIAPPONESE. Nel quartiere Crocetta un valido riferimento per gli amanti del sushi e delle sue varianti, corredate da una bella selezione di alternative "calde". Sul versante crudi, la proposta è ampia e valorizzata da una materia prima fresca e selezionata. Tra le varie suggestioni, una sfiziosa new entry sono i cornetti tenaci croccanti di pesce (al salmone, al branzino, al tonno o ai gamberi). Tra gli uramaki - per i quali si può scegliere tra riso bianco o venere - si va dai classici California roll o Spicy tuna e Spicy salmon a golose contaminazioni di sapori, come il Foie gras roll, con branzino cotto, avocado, foie gras scottato e ikura. Delizioso il Crispy roll con pelle di salmone fritto, tartare di branzino, fettine di pomodoro e salsa di sesamo. Stessa qualità e cura nelle presentazioni per nigiri e sashimi. A corredo ampia scelta di piatti caldi, tra cui zuppe e noodles, e ampio spazio a carni e pesci alla griglia. Si beve bene attingendo ad un'ampia carta di vini e bollicine, Champagne compresi, con una buona proposta al calice.

Japs! e ramen

c.so Dante, 53

01119717471 **CHIUSO** sempre aperto

www.japs.it **€** 35 AE, CSi, DC, Visa, MC, POS

GIAPPONESE. Quattro indirizzi in città, quattro sedi differenziate per offerta: quello di via Carlo Alberto 27 è izakaya e sakè bar; a corso De Gasperi 8 i protagonisti sono i noodles; l'ultimo nato, in corso Moncalieri 47, è dedicato alla carne Wagyu; il locale di corso Dante è specializzato in ramen. In ognuno di questi ristoranti il sushi occupa un posto d'onore, con un menu dedicato molto vario e invitante. Sono una buona opzione le combinazioni di sashimi e nigiri da condividere. Oltre a varie versioni di chirashi, temaki e tartare, classiche o più elaborate, servite su riso, c'è l'imbarazzo della scelta tra gli uramaki, come il Sicilyssimo (con gambero rosso di Sicilia, ikura, avocado, maionese, erba cipollina) o il Sumo (ricciola alla piastra, marmellata agrodolce di habanero, formaggio cremoso, avocado, salsa teriyaki, cipollotto). In abbinamento una piccola carta di vini naturali, sakè e distillati. Molteplici i servizi offerti, dai corsi ai catering, dal take away al delivery.

TORINO

Kensho

via Mercanti, 16

01119781256 **CHIUSO** sempre aperto solo la sera, sabato e domenica anche a pranzo kenshorestaurant.com
€ 70 tutte

GIAPPONESE. Grandi materie prime, ambiente raffinato, illuminazione mirata, atmosfera intima: nell'insegna torinese della famiglia Chiesa la tradizione gastronomica nipponica fa il paio con un'accoglienza curata nei dettagli, a cominciare dal servizio, sempre preciso e professionale, per finire alla carta delle bevande, che affianca a un'ottima scelta di vini e bollicine anche una competenza piacevole nel campo sakè e distillati. Nella cucina dello chef Leo Voltaire Aala le istanze creative si fondono con l'ispirazione sempre presente dei sapori e delle tecniche giapponesi. Si sceglie alla carta, oppure si opta per il menu sartoriale Omakase, disegnato di volta in volta sulle esigenze degli ospiti. Il sushi ovviamente non manca e, come il resto della proposta "cucinata", è elaborato con attenzione, precisione e sapienza: dal più classico sashimi di tonno ai nigiri di di branzino con salsa di miso e yuzu, avocado e caviale. La bontà dei crudi è apprezzabile anche nelle tartare (da non perdere la Maguro & Miso) e nei carpacci. Con i servizi Bentobox e Kensho at Home un delivery di gran livello.

Koi Japanese Fusion Restaurant

via conte S. Frola, 4

011543957 **CHIUSO** sempre aperto
www.ristorantekoi.it € 45 tutte

GIAPPONESE. Il comun denominatore dell'offerta di questo ristorante è la qualità e la freschezza degli ingredienti, basi di una cucina che sposa con brio piatti tradizionali a proposte più innovative, senza tralasciare l'impiego di prodotti italiani di pregio, assieme a vere chicche dal mondo. Ne sono prova, tra le varie proposte, i nigiri, in versione classica oppure special, tra cui brillano i Mascietra, con i gamberi di Mazara del Vallo e caviale russo pregiato, e il Suzuki Kepa, con branzino, capperi di Pantelleria, scorza di yuzu. Ci sono poi gli uramaki: a base di granchio reale dell'Alaska, avocado, maionese e tobiko il Royal Crab Roll; molto fusion il Bra, con salsiccia di Bra, maionese al karashi, avocado, salsa al tartufo e grana; non mancano anche qui le classiche citazioni fatte a mestiere, come i California Roll. Si va alla grande anche con i piatti caldi, sia di pesce che di carne, così come con la croccante tempura. A corredo tè verdi e birre giapponesi.

Miyabi

via Villa della Regina, 9a

0118196890 **CHIUSO** martedì

miyabitorino.com **€ 45** CSi, DC, Visa, MC, POS

GIAPPONESE. Tezuka Masanori è l'artefice della cucina di questo amato approdo nipponico di Torino, nato come associazione culturale giapponese e, nel 2020, rinato come vero e proprio ristorante. Erbe e verdure dall'orto di proprietà o dal mercato locale, prodotti biologici, fermentati fatti in casa, wasabi fresco (che rarità!), pescato di alta qualità proveniente dal Giappone, la selezione delle materie prime è attenta ed esperta. Ricca la proposta di piatti caldi, da udon e soba ai golosi okonomiyaki, ma qui ci si concentra ampiamente anche sulle interpretazioni del sushi. Nigiri e sashimi valgono tutti l'assaggio, dalle capesante alla ventresca di tonno, per finezza ed equilibrio, oltre che per la piacevole texture data dalla consistenza dei pesci e dalla perizia nei tagli. Opzioni anche per vegetariani, dolci interessanti. L'ambiente è essenziale, il servizio cortese e professionale. Molto accurata la selezione di tè e sakè in abbinamento.

Oinos

via della Rocca, 39g

011835084 **CHIUSO** lunedì, dal giovedì alla domenica anche a pranzo oinosristorante.it

€ 55 AE, CSi, Visa, MC, POS

FUSION. L'ambiente molto curato e accogliente fa da preludio ad una proposta originale e di qualità, che parte dal sushi classico per giungere a contaminazioni tra i sapori del crudo giapponese e quelli siciliani e mediterranei, nel "sushiliano". Così accanto ad alcune combinazioni più classiche, ci si diverte con i roll di ombrina, zucchine e mandorle croccanti, di gambero rosso di Mazara del Vallo, basilico e olio extravergine, o ancora di tonno, basilico mandorle e olio agli agrumi. Deliziosi e profumati anche i nigiri - tra cui spiccano quello con tonno e cipolla dolce di Tropea caramellata e quello con branzino, tartare di olive taggiasche e arancia siciliana - e i gunkan con cozze e caponata siciliana, oppure scampi spuma di burrata e bottarga. Ampia e varia la proposta di piatti dalla cucina, dalle crudité per antipasto ai primi di pesce, senza tralasciare una buona frittura tra i secondi piatti. Divertente la scelta di vini e bollicine anche al calice, più qualche birra - italiana e nipponica - e i sakè.

TORINO

Shizen

v.le E. Thovez, 6

0116605074 **CHIUSO** lunedì

shizen.it **€** 60 tutte

ASIATICO. Due sale, caratterizzate da un elegante stile minimal, l'ambiente è moderno e raffinato, le materie prime di ottima qualità e arrivano a tavola in piatti dallo stile creativo, in cui la cucina thailandese è presente in numerose contaminazioni. Dalle mani dei sushimen preparazioni di nigiri e sashimi classiche o, come i temaki, anche in versione di tendenza (si possono scegliere con riso integrale), come il Yellow roll, con mango e ricciola, o il Green, con asparago in tempura e crema di edamame. Fra le proposte della cucina, interessanti la tom yam soup, zuppa thai a base di erba limoncina, funghi, calamaro e granchio, ma anche i secondi basati sul pescato di giornata. Da assaggiare, tra i dolci, la cheesecake al tè verde e yuzu. La carta del bere è ampia, ben assemblata ed è costituita per lo più da bianchi, molti dei quali locali e bollicine. Il servizio è garantito da un personale efficiente, gentile e preparato.

Wasabi

c.so F. Ferrucci, 72

0114473812 **CHIUSO** lunedì; aperto solo la sera

€ 50 CSi, Visa, MC, POS

GIAPPONESE. Storica insegna torinese, con un'ampia sala, bancone a vista e possibilità di cenare su un tatami rialzato. Il bancone, dove viene elaborata la maggior parte delle preparazioni, è posto proprio di fronte alla sala. Il pesce è ben presentato e di ottima qualità ed è per questo che sushi e sashimi sono il principale motivo di attrazione per la clientela fissa e affezionata. Un riso di buon livello fa dei nigiri il punto forte: abbiamo apprezzato quelli con filetto di anguilla marinata o con il gambero. Fra le proposte da provare ci sono certamente anche l'unagi (anguilla arrosto) e i ramen, nella versione tonkotsu, al maiale, o shoyu, alla soia. Interessante la possibilità di scegliere un menu composto da antipasto, zuppa, nigiri e sashimi, tempura e un dolce. A corredo vini bianchi e le classiche birre nipponiche da bere. Servizio rapido, a volte persino in maniera eccessiva, svolto da personale vestito in abiti tradizionali.

VARALLO [VC]

Mambo Tony Sushi

via Scarognini, 7

3487901480 **CHIUSO** lunedì

menuconte.it/mambosushi **€** 35 CSi, Visa, MC, POS

GIAPPONESE. L'insegna nasce principalmente per il take away, ma, accomodandosi all'interno del locale (meglio prenotare, i coperti sono pochi), si ha la possibilità di vedere al lavoro Tony Dimartino, cuoco appassionato di cultura giapponese, che, con precisione e dedizione, prepara un sushi a prova di esperti. Formatosi alla corte di Katsuya Tatsumoto, del centro Tozai di Milano, Dimartino ha messo su una proposta classica di stile nipponico, con poche variazioni sul tema, ottime materie prime e nessun procedimento lasciato al caso. Ottimo equilibrio tra riso e pesce nella composizione dei nigiri, ad esempio, dall'Unagi (con l'anguilla rostrata) a quello con salmone abbrustolito e maionese giapponese. Preciso il taglio nei sashimi; belli e buoni i gunkan (con tonno, salmone spicy, uova di trota). Non mancano tante proposte di uramaki e i temaki, nella versione con riso, avocado, tonno o salmone.

LIGURIA

GENOVA

Broadside Concept Sushi

via XII Ottobre, 27

0105959368 **CHIUSO** sabato e domenica a pranzo

broadsidesushi.com **€** 40 CSi, DC, Visa, MC, POS

FUSION. Un'insegna interessante nel panorama genovese per gustare una cucina di stampo fusion e ispirazioni nipponiche. Gli appassionati qui possono trovare un menu non banale, curato e basato su materie prime di buona qualità (anche con un'attenzione in più alla sostenibilità del pesce) declinato con creatività nel repertorio di sushi, sashimi e affini. Tra i nigiri, validi quelli di gambero crudo, ricciola e anguilla; divertenti e saporite le divagazioni "liguri" sui futomaki, come il Cappon Maki (con cozza, gambero, barbabietola, carota, zucchina e salsa verde) o l'Anciüa Roll (acciuga, pomodoro semisecco, bagnun di acciuga). Non mancano piatti caldi come yaki soba con verdure e guancia di maialino, tempura o filetto di Wagyu; a conclusione dolci creativi e dall'estetica curata. In abbinamento una piccola selezione enologica con referenze che pescano anche Oltralpe. Il personale è cordiale e attento. Comoda la possibilità di take away e delivery.

LA SPEZIA

Miho

v.le Italia, 32

0187765218 **CHIUSO** sempre aperto

mihosushi.it **€** 30 tutte

GIAPPONESE. Si presentano come "all you can eat di alta qualità" i ristoranti di questa piccola catena posizionata in Lombardia e in Liguria. Materie prime di origine certificata e sostenibile, bella atmosfera, cura dei dettagli sono le caratteristiche che troviamo anche nel locale di La Spezia. Il menu si concentra sui classici del sushi e della cucina giapponese, con contaminazioni fusion nei sapori di tartare, poke, carpacci e antipasti. Valido esordio con i sashimi (il misto è una buona opzione) e i nigiri, proposti anche in versioni meno ortodosse (come salmone scottato, pistacchi e salsa teriyaki). Varianti anche per i gunkan, bocconcini di riso e pesce avvolti con la classica alga nori oppure con carta di soia e sesamo, o zucchina. Si continua con chirashi, hosomaki - serviti anche in versione fritta e con guarnizioni ricche - e gli uramaki, che si prestano alle più fantasione interpretazioni, dai vegetariani ai creativi con riso venere. Sul versante beverage c'è una piccola selezione di vini, birre, tè, sakè e distillati.

SANREMO [IM]
Victory Morgana Bay
l.mare Trento e Trieste, 16
0184591620 **CHIUSO** sempre aperto
victorymorganabay.it **€** 60 tutte

FUSION. In una delle località più mondane della Riviera, un locale da jet set internazionale, basato su un'architettura scenografica che emula un'enorme barca a vela, posizionato magicamente tra i due porti, con terrazze panoramiche vista mare. L'offerta è ampia e variegata, da mattino a tarda notte, con ristorazione, cocktail bar, aperitivi e, quando calano le luci, gettonati disco party ed eventi. La cucina spazia tra i classici mediterranei e le tendenze fusion, proponendo anche un ampio ventaglio di sushi. Dai grandi mix presentati nelle tipiche barche ai piatti singoli, si può pescare tra sashimi di salmone, nigiri di tonno o gambero cotto, maki classici o più elaborati e creativi (come polpa di granchio, maionese al wasabi, avocado, gamberi crudi, uova di pesce volante al wasabi e salsa teriyaki). La cantina è ampia e offre una rosa di grandi etichette e bollicine, validi i drink preparati dai bartender; il servizio è veloce e cordiale. Prezzi in linea con l'esclusività della location.

SARZANA [SP]
Kooka
via Sobborgo Spina, 12
0187624617 **CHIUSO** lunedì; aperto solo la sera
kookasushi.com **€** 30 CSi, DC, Visa, MC, POS

GIAPPONESE. Un locale accogliente e raccolto, con un delizioso giardino ideale per la bella stagione, che propone una cucina di stampo giapponese centrata su sushi e affini. Oltre alle Bento Box con assortimento misto, in carta vari tipi di nigiri: i tipici salmone, tonno o branzino, ma anche con tonno scottato e salsa tonnata e con tamagoyaki (l'omelette giapponese). Poi chirashi, sashimi classici e numerose tipologie di maki: gli Special (ad esempio il Leti Maki, salmone, avocado, robiola, crema di fichi e noci) presentano uno squilibrio nel rapporto tra riso e farcitura (troppo abbondante). In menu anche yaki udon, tempura, gyoza, bocconcini di pollo in salsa teriyaki. Vari tipi di gelato (al matcha, al wasabi, al sesamo nero) e Tokyo cheesecake in conclusione. Il personale in sala è cordiale e preparato. Una piccola selezione enologica, qualche sakè e tè per accompagnare. L'insegna ha un'altra sede nella vicina Toscana, a Forte dei Marmi (via Provinciale, 2), che effettua principalmente servizio di asporto.

SAVONA

Sushi Beach

via Nizza, 41a

0192303783 **CHIUSO** lunedì; aperto solo la sera escl. sabato e domenica sushibeach.it
€ 45 CSi, DC, Visa, MC, POS

GIAPPONESE. Ambientazione d'eccezione per questa insegna: dalla terrazza estiva con vista sul mare alle sale interne con arredi estrosi e illuminazione studiata. In tavola una cucina di ispirazione nipponica con selezione attenta delle materie prime, a partire dal pescato locale. Il menu si concentra principalmente su sushi e affini, con una proposta variegata e curata. Si possono scegliere i piatti misti, oppure pescare alla carta tra nigiri (di gambero viola, di ventresca, ma anche più creativi come salmone, papaya, avocado e jalapeno), uramaki classici e "special" (tra questi il Confusion, ripieno di scampo in tempura e maionese con all'esterno avocado, battuto di gamberi cotti e uova di pesce volante), gunkan (interessante quello con capesante, maionese al tartufo, tonkatsu e tartufo nero). Dalla cucina anche tempura, tartare, tataki e dolci ben costruiti. Il servizio è cortese e competente, attento alle richieste degli ospiti. Abbinamenti enologici curati. Disponibile il servizio di take away e delivery anche fuori città.

LOMBARDIA

ALBANO SANT'ALESSANDRO [BG]

Manga Restaurant

via Tonale, 46c

0350401888 **CHIUSO** sempre aperto solo la sera

www.mangarestaurant.it € 45 tutte

GIAPPONESE. Inaugurato nell'estate del 2019, in poco tempo si è conquistato un posto al sole in zona, anche perché non è così semplice trovare posti del genere in provincia. Progetto coraggioso, quindi, con una cucina dai tocchi fusion a cura di un nome noto nel Bergamasco, Pierantonio Rocchetti, in forze anche al Lo.Ro di Trescore Balneario. Raffinato all'interno, con due boschi verticali, arredi in legno, il bancone sushi e il robata, la tipica griglia nipponica a carbone vegetale, è intimo, soffuso, confortevole. Nell'ampio menu, oltre ai classici, specialità come la selezione di sushi e sashimi Manga Chef, l'uramaki Manga Home (pollo marinato, salsa yuzu, teriyaki e cavolo viola) e i noodle freddi in zuppetta di molluschi. Da provare, appunto, le cotture sulla piastra, a partire dagli yakitori (spiedini) pollo e peperone o salmone e scaglie di sale. Carta dei vini soprattutto italiana; servizio discreto e disponibile.

BERGAMO

Koi Sushi Bar

via Zambonate, 19

035245320 **CHIUSO** lunedì

€ 40 CSi, Visa, MC, POS

GIAPPONESE. Valido indirizzo in centro città, che convince gli appassionati di cucina nipponica per l'ambiente sobrio e lineare, un servizio attento e rapido e ovviamente un'offerta gastronomica di qualità. Tutto parte da una materia prima fresca e selezionata con competenza, ma è la sapienza dei tagli, degli accostamenti e delle cotture a fare la differenza. Il menu è ampio e di stampo classico, e si cade sempre bene, sia scegliendo una delle selezioni di sushi e sashimi, sia optando per i chirashi assortiti. Bene anche i roll nelle tante varianti, così come le zuppe di miso e i ramen. A pranzo conveniente formula ridotta, molto gettonata da chi lavora in zona. Carta del bere adeguata per l'offerta complessiva.

BERGAMO
Miyabi

via San Francesco D'Assisi, 5b

035244014 **CHIUSO** lunedì

miyabibergamo.it **€ 30** AE, CSi, DC, Visa, MC, POS

GIAPPONESE. Un piccolo angolo di Giappone - accogliente come fosse una casa privata - nel centro di Bergamo, che da anni mantiene alta la qualità sia a pranzo che a cena. Pochi dubbi su quale sia il cuore dell'offerta: l'insegna recita "original sushi experience" e in effetti il maestro Niriko non delude, a partire dalla scelta rigorosa del pescato e dalla perfetta cottura del riso. Difficile contestargli il primato cittadino, visto il pienone costante. Gunkan in pole position, nigiri, hosomaki (ottimo il California, a base di crema di tonno, avocado e gambero cotto) e uramaki soddisfano gli appassionati. La sezione più soddisfacente è quella senza dubbio degli "uramaki chef" che spaziano dal triplo salmone al 9 gamberi. Dalla cucina arrivano anche carpacci e sashimi, fritti (in olio di arachidi, sottolinea la carta), chirashi e qualche piatto caldo. Dessert migliorabili. Buona lista dei vini, con bianchi e bollicine, integrata da birre giapponesi. Cortese il servizio. Stessa gestione per il ristorante Kura, in via Giorgio e Guido Paglia, 2.

BRESCIA
Yoshi

via f.lli Lechi, 10

0303776604 **CHIUSO** lunedì a pranzo

yoshirestaurant.it **€ 40** CSi, Visa, MC, POS

GIAPPONESE. Conosciuto e apprezzato in città, promette bene sin dall'ingresso, dove già dalla strada si possono ammirare le incantevoli coreografie manuali dei sushimen all'opera dietro al bancone. All'interno design moderno, illuminazione giusta, geometrie squadrate e tavoli di diversa grandezza per accontentare tutte le esigenze. Il menu è diverso tra pranzo - con formule a prezzo vantaggioso - e cena, quando la carta diventa più ampia tra classici e specialità della casa. Ci sono l'Ebi Flò (tempura di gamberi, tartare di salmone speziato, lamelle di fiori di zucca in tempura e uova di salmone) e le tartare miste, lo Zuccaroll, con zucca in tempura, avocado e riso Venere, e la zuppa di miso, fino alla pancetta stufata per quattro ore con soia e vino, specialità tradizionale nipponica. Interessanti offerte per il take away (occhio alla pagina Facebook). Carta dei vini adeguata e personale disponibile.

COMO

Tokyo

v.le Lecco, 113

031307551 **CHIUSO** sempre aperto

tokyo-como.it **€ 40** CSi, Visa, MC, POS

GIAPPONESE. In centro, accoglie in un ambiente raffinato arredato in perfetto stile orientale, ben illuminato e disposto su due livelli. La sosta qui diventa una piccola pausa di relax e buon gusto, anche perché l'efficiente squadra in sala si muove tra i tavoli sicura e coi tempi giusti. Dallo scenografico bancone arrivano composizioni armoniche e invitanti, tra specialità della tradizione e variazioni sul tema. Ebi kataifi (tempura di gamberone in pasta kataifi), maguro tataki (tonno scottato in crosta di semi di papavero in salsa hoisin ponzu), sake temaki (cono di alga ripieno di salmone e avocado), e ancora, tra i cotti, il Miso Black Cod (merluzzo dell'Alaska alla griglia in salsa di miso) e pure la carne di Kobe. Adeguata scelta di bevande per accompagnare e packaging curato, come tutto il resto, per il delivery e l'asporto.

Yoko

via Coloniola, 44

3288057416 **CHIUSO** sempre aperto

sushicomo.it **€ 55** CSi, Visa, MC, POS

GIAPPONESE. Lo spazio all'aperto su piazza De Gasperi, con tanto di vista lago, è il plus di questa valida insegna cittadina, frequentata dai tanti turisti di passaggio ma amata anche dai locali. La sala minimale, discreta e raffinata, offre la giusta atmosfera per apprezzare un menu ampio ed eclettico dove accanto alle specialità più conosciute trovano posto interessanti piatti fusion, crudi e cotti. Oltre alle selezioni assortite di sushi, sashimi, uramaki, gunkan, nigiri, vale la pena assaggiare i ramen (in tre versioni, con pollo, pesce o verdure), il Mexico roll con gambero fritto, lattuga, tartare di salmone, jalapeno e maionese, le "tartariso", ossia tavolette di riso con tartare di pesce, sesamo, maionese e salsa teriyaki. Per accompagnare una lista vini stringata ma centrata. Servizio efficiente, con qualche affanno ad alti regimi. Convenienti offerte per il business lunch.

CREMA [CR]
Future Fusion

via T. Pombioli, 1

0373203496 **CHIUSO** sempre aperto solo la sera, sabato e domenica anche a pranzo futurefusion.it
€ 55 CSi, Visa, MC, POS

FUSION. Un ambiente ricercato ed elegante, curato nei dettagli e con ampio patio esterno, dove, nella bella stagione, è un piacere prendere un aperitivo o soffermarsi per un drink dopo cena. I presupposti sono dei migliori, anche all'interno, uno spazio articolato con tavoli distanziati e di varia dimensione e un'atmosfera soffusa e illuminata con gusto. Lo stile della cucina viaggia su un'intrigante fusion fra materie e ricette italiane e tradizione giapponese, che comunque è fulcro del menu. Vale la pena concedersi uno dei due percorsi degustazione, con piatti come i gunkan di riso, scampi, ricciola e pistacchi o il tagliolino nero, snow crab, pomodoro confit, spinacino (dalla proposta Fusion, 58 euro), o i nigiri riso, salmone scottato e salsa yuzu e (dal menu Future, 48 euro). Le suggestioni sul versante sushi non mancano alla carta, così come i cocktail per accompagnare, oltre a una valida selezione di vini. Professionale ed efficace il servizio, in tono col resto. L'insegna ha un'altra sede a Lodi, in via Ferrabini, 5.

CREMONA
Kandoo

p.zza Cadorna, 15

037221775 **CHIUSO** lunedì
kandoosushi.com € 35 CSi, Visa, MC, POS

GIAPPONESE. Collaudato indirizzo cittadino per tutti gli amanti delle specialità del Sol Levante, realizzate con materia prima di qualità e servite in un ambiente raffinato e confortevole. Lo spazio è disposto su due piani, e gli arredi sono in perfetto stile orientale, con scenografici lampadari e apparecchiatura minimal. Bella e fornita la cantina a vista, con prevalenza di bianchi e bollicine senza dimenticare sakè, liquori e distillati. L'ampio menu, diviso tra pranzo e scena, offre una panoramica completa della gastronomia nipponica con alcune escursioni più creative che cambiano secondo stagione. Valide le proposte di nigiri, sashimi e cirashi, da provare il temaki con uova di salmone; tra i piatti caldi, buona la tempura di polpo - prima cotto a bassa temperatura - o il tonkatsu (cotoletta di maiale fritto). Servizio adeguato.

DESENZANO DEL GARDA [BS]
133 Sushi Club
via G. Marconi, 133

0305310377 **CHIUSO** lunedì

133sushiclub.it **€** 35 AE, CSi, DC, Visa, MC, POS

FUSION. Stile fuori dal comune questo locale a gestione italiana: arredi moderni, un mare di colori, esposizione di quadri e oggetti d'arte contemporanea. Non stupisce che l'insegna sia un riferimento per gli appassionati tra Brescia e Basso Garda: al pari dell'ambiente, il sushi è pieno di colori. Il punto di forza della proposta è rappresentato dai maki, che punteggiano il menu sino al dolce (vedi "cioccomaki" e "risomaki"). Tra i più interessanti il maki sweet (riso alla rapa rossa con salmone crudo, mousse di formaggio fresco con tobiko al wasabi, basilico e semi di zucca, girasole, lino e sesamo), il maki 133 (salmone crudo con erba cipollina, maionese, pesce in tempura e salsa teriyaki) e il maki music (pesce burro crudo con pesce in tempura e noci caramellate al tè verde). Molti i piatti con evidente ispirazione fusion, quali ceviche, sake teriyaki o il purè viola. Carta dei vini che guarda al mondo, con parecchie sorprese. Servizio vivace e coinvolto. Possibilità di take away.

GALLARATE [VA]
Wen
via Carlo Noè, 45

0331786795 **CHIUSO** sempre aperto

sushiwen.it **€** 45 CSi, Visa, MC, POS

FUSION. Sushi di dentice rosso; pavé di gambero rosso di Mazara con crema di avocado, stracciatella, scorza di lime e salsa Mojito; pokè bowl con riso bianco, salmone marinato alla barbabietola, ricciola affumicata in casa, misticanza, cetriolo, carote, germogli di soia, papaya, alga Nori, tobiko, guacamole e yuzu-miso: sono solo alcune delle felici escursioni fusion del menu di Wen, tra i più gettonati della zona. L'assortimento completo delle specialità classiche non manca, dalle selezioni di sushi e sashimi ai mix di gunkan e maki, in combinazioni a prezzi convenienti, diverse fra pranzo e cena. Ma vale senz'altro farsi tentare dai piatti dove si combinano materie prime nostrane e ingredienti orientali, variabili secondo estro, disponibilità e stagione. Bella l'ampia sala, e valida anche la carta dei vini. Disponibile e prodigo di attenzioni il servizio.

ISEO [BS]
18B Sushi & Burger
Lungolago Marconi

0302033093 **CHIUSO** aperto solo la sera escl. sabato e domenica puntozero18b.eatbu.com
€ 30 tutte

ASIATICO. Sorpresa piacevole sul lungolago della "capitale" del Sebino: un locale dove lo stile vintage dell'ambiente – con flipper regolamentare e una serie di banconi - si sposa con una visione fast food (solo se si ha fretta) a una proposta di sushi, forse limitata, ma corretta e ben eseguita. Il meglio è rappresentato dal tiger roll e dal futomaki fritto con salmone e avocado. Ma non deludono gunkan, uramaki e nigiri classici che si possono ordinare anche nella classica "barca" o in una bento box a 22 euro ciascuna. Pad-thai, sashimi e gyoza (di carne e verdura), tartare di tonno o salmone completano l'offerta di stampo orientale mentre chi ama la carne può godere della hamburgeria, con la possibilità di farsi creare la combinazione su misura. Si bevono birre giapponesi, tè verde e ovviamente Franciacorta. Nella bella stagione ci si può sedere all'esterno e godere del lago, realmente a pochi metri.

LECCO
Myo
via Pietro Nava, 9

0341780048 **CHIUSO** domenica a pranzo
myosushi.it € 35 CSi, Visa, MC, POS

FUSION. Non c'è che l'imbarazzo della scelta: a mezzogiorno un conveniente menu lunch, a cena la carta e la "taperia" (tre sere a settimana), ossia la possibilità di ordinare un trittico di portate in formato tapas a prezzo fisso, e poi gli abbinamenti con tè, sakè e cocktail, oltre che con vini selezionati con cura. L'esperienza da Myo è uno stimolante viaggio alla scoperta di altre culture, raccontate da una cucina che sperimenta e riprende le contaminazioni tra la gastronomia giapponese e quelle hawaiana e peruviana. Ecco che oltre ai classici come gli edamame, l'insalata di alga Wakame con salsa dorashi, i mix approntati al sushi bar, ci sono le poke bowl del pranzo, oppure i "maki art", rotolini medi con riso, alga, gambero in tempura, avocado e marinatura concentrata all'interno di "ampolline" rovesciate, da provare. Alla piacevolezza della sosta concorrono inoltre un ambiente curato e confortevole e uno staff capace ed empatico.

LIVIGNO [SO]

Al Larice dell'Hotel Garni Larice

via Botarel, 40

0342996184 **CHIUSO** sempre aperto

€ 30 tutte

FUSION. Proposta non convenzionale per la zona. Il raffinato hotel quattro stelle, infatti, ristrutturato non molto tempo fa, si discosta dalla canonica cucina di montagna: c'è il ristorante con un menu del giorno, che danza fra tradizione mediterranea e creatività e contaminazioni asiatiche (vedi il tataki di pollo affumicato o il "tonnato sbagliato", con mayo al tonno, bottarga d'uovo e capperi), e c'è il sushi bar, con un'offerta varia dalla materia prima di assoluta freschezza, lavorata e proposta ad hoc. Largo quindi a selezioni di sashimi, nigiri (di gambero cotto o salmone, ad esempio), uramaki (classici e più creativi, come tonno, maionese piccante, jalapeno, formaggio fresco, tamago), nonché a pokè bowl personalizzabili. E oltre ai vini, birre e sakè per accompagnare il tutto. La struttura è curata in ogni dettaglio, ideale per un soggiorno rigenerante, e lo staff è molto disponibile. Efficiente servizio delivery.

MILANO

Basara

c.so Italia, 6

0272020141 **CHIUSO** sempre aperto

basaramilano.it € 50 tutte

GIAPPONESE. Il piccolo impero di Hirohiko Shimizu e Danilo Migliarese, nato in zona Tortona, si è ampliato in modo costante. Oggi ci sono quattro sedi: in via Washington 70 con tanto di mini giardino zen, un corner all'interno di Rinascente Duomo, la più recente in via Filzi 8 e questa, che ormai è l'ammiraglia del network e che ospita anche un'originale "sushi pasticceria". Non bastasse sono attive due in Veneto: quella – bellissima – a Venezia Dorsoduro (vedi scheda) e l'altra a Padova. Ambienti moderni, ben gestiti e con un servizio preparato. Il segreto? Non un format modaiolo bensì la grande qualità della materia prima e l'ampiezza della proposta che nel caso del sushi parte dai curatissimi hosomaki e dai vari temaki e arriva ai sushi roll che per noi rappresentano il meglio: vegetariano, con foie gras, di merluzzo nero al miso, di ricciola e jalapeno, di Wagyu. Una sinfonia di tecnica e gusto, lontana dalla banalità. Il menu offre comunque molte altre opzioni, soprattutto di pesce, oltre alle composizioni classiche. Take away e delivery molto efficienti, cantina che non delude.

MILANO

Finger's Garden

via G. Keplero, 2

02606544 **CHIUSO** aperto solo la sera escl. lunedì, martedì e domenica www.fingersrestaurants.com

€ 80 tutte

NIPPO-BRASILIANO. Il giardino di Roberto Okabe è un'oasi di tranquillità e stile in un quartiere poco "da bere", e si pone come scenario perfetto per le cene distanziate da post-pandemia. Ma il vero valore aggiunto di questo luogo quasi zen è Roberto stesso, con il suo sorriso accogliente e il suo uso di mondo che fa sentire chiunque a casa. Poi c'è la cucina, che rappresenta un'interpretazione rigorosa dei classici giapponesi innervata da tocchi di esotismo brasiliano (Saudade do Brasil è un maki tropical con salmone, avocado e ikura) e di ingredienti mediterranei. L'impronta Okabe si riconosce soprattutto nei carpacci (branzino, salmone, mix, tutti serviti su salsa gazpacho), nelle tartare e nelle insalate (quella Finger's è un prato di fiori eduli, sashimi misto e salsa di carote). Non mancano piatti caldi di pesce (maguro tataki) e di carne (entrecote di Wagyu). Qualità elevata ed encomiabile costanza. Si beve alla grande, soprattutto se si amano le bollicine.

Hana Restaurant

c.so Vercelli, 37 (ang. via P. Giovio, 3)

0248197213 **CHIUSO** lunedì a pranzo e domenica tutto il giorno www.hanarestaurant.it

€ 45 tutte

FUSION. Solida insegna della zona, si è conquistata meritata fama anche fuori del quartiere, e non necessariamente tra i fan della cucina orientale. D'altronde propone un menu variegato che accontenta tutti e sulla base di materie prime di qualità. Da provare, oltre ovviamente al sushi, i carpacci e le tartare (specialità della casa), nonché altri piatti di pesce e carne. Ai primi e ai sashimi viene dedicata una parte importante della carta, con valide idee a partire dai nigiri Hana guacamole con salmone o tonno leggermente scottati. Per chi ha gusti differenti c'è una sezione vegetariana. Gunkan, temaki, hosomaki e uramaki (gli special in particolare) sono all'altezza. Pochi ma validi i vini, e in aggiunta cocktail e sakè che accompagnano adeguatamente. Sala semplice e lineare, con bancone. Servizio attento, preciso ed empatico.

Hazama

via Savona, 41

0209959 72 **CHIUSO** lunedì

ristorantehazama.com € 35 CSi, Visa, MC, POS

GIAPPONESE. Sono i colori della terra a prevalere, il legno degli arredi, il cotto del vasellame, le nuances freddo-caldo della cucina Kaseiki, il rito nobile dell'antica tradizione giapponese, fatto di tante piccole portate. Si intuisce la passione per la calligrafia del maestro Satoshi Hazama, cuoco e patron che predilige linee pulite nel locale come nei piatti. Del menu colpisce subito la doppia opzione, normale e abbondante, forse un'attenzione verso chi non rinuncia a una porzione più sostanziosa e pure magari a chi vuole assaggiare il Wagyu a un prezzo accessibile. In entrambi i casi, il piatto merita: la carne è marinata in una salsa profumata al sakè e scottata perfettamente grazie all'uso della salamandra (attrezzo che lavora con calore e griglia dall'alto verso il basso). Da provare poi l'anguilla laccata, presentata in un cofanetto che sembra un portagioie, nonché il sashimi, proposto nel modo più essenziale e "puro" possibile, nel rispetto delle regole del crudo proprie del menzionato stile kaiseki. Piccola carta dei vini piccola e discreta scelta di sakè.

Ichikawa

via Lazzaro Papi, 18

0247750431 **CHIUSO** lunedì e martedì

ichikawa.it € 60 tutte

PREMIO SPECIALE I MAESTRI DEL SUSHI

GIAPPONESE. Uno spazio essenziale, dai colori tenui, mise en place non casuale nelle forme geometriche, buon profumo all'ingresso. Questo per dire del contorno, che vuole spingere il focus sui piatti: pesce di grandissima qualità, tagli chirurgici che danno soddisfazione al boccone, né troppo grande né troppo piccolo, riso mai colloso e appena tiepido, fritture lievi e carni equilibrate nei sapori. Un "non eccesso" che non è un compromesso bensì un'armonia culinaria di grande maestria. Carta dei vini compilata con dovizia (anche se a ricarichi un po' alti), ma la vera perla è l'elenco dei sakè, con aziende che hanno pure 500 anni e oltre. Colpisce inoltre la qualità del wasabi diverso dal solito, non cremoso ma dalla texture più naturale, così come lo zenzero candito, gustoso, ma non eccessivamente piccante. La proposta, basata sulla fiducia nei confronti dello chef è l'omakase, il menu di sei portate che è un viaggio pilotato dal padrone di casa, Haruo Ichikawa, grande maestro del sushi meneghino. Dal suo ingegno arriva anche Ichi Station (format di locali da asporto, vedi appendice).

MILANO

Iyo Experience

via P. della Francesca, 74

0245476898 **CHIUSO** lunedì tutto il giorno e martedì a pranzo www.iyo-experience.com
€ 120 AE, CSi, Visa, MC, POS

GIAPPONESE. Raggiunto al vertice della "giapponesitudine" gastronomica italiana dai fratelli AAlto e Iyo Omakase (vedi scheda), la creatura primigenia di Claudio Liu resta un tempio assoluto per chi voglia un'esperienza trionfale in cui la categoria dell'etnico, ammesso che ancora ci sia chi abbia voglia di usarla, si scansi per far posto a un Esperanto di sapori. Il menu è enciclopedico, ogni volta ci perdiamo e finiamo per affidarci al Faccio Iyo, un degustazione di nove portate che rappresenta un compendio della filosofia di casa. Chi vuole decidere, scelga l'Hotate foie gras, un carpaccio di capasanta bretone scottata, il classicone Taiyo, una millefoglie con strati di gambero argentino scottato, gambero rosso e calamaro, l'Alice temaki, uno dei tanti carpacci, delle tante tartare, dei nigiri (il Blue lobster è indimenticabile), dei gunkan, degli uramaki, delle tempura, delle zuppe. Non trascurate i ryori, pietanze calde di pesce e carne. L'ambiente è elegante, con mattoni a vista, il servizio sartoriale, l'occhio di Claudio sempre attento, la carta dei vini all'altezza del resto.

Iyo Omakase

p.zza Alvar Aalto

0225062828 **CHIUSO** domenica tutto il giorno
www.iyo-omakase.com
€ 150 AE, CSi, Visa, MC, POS

PREMIO SPECIALE I MAESTRI DEL SUSHI E MIGLIOR ABBINAMENTO SUSHI BEVANDE

GIAPPONESE. L'ennesimo salto di qualità di Claudio Liu si compie al primo piano della Torre Solaria, a Porta Nuova. Locale spettacolare, curato in ogni elemento, diviso tra un ristorante internazionale (AAlto - part of Iyo) e il perfetto bancone sushi (Iyo Omakase). Quest'ultimo è un desiderio coltivato a lungo dal patron: per pochi intimi (otto, solo su prenotazione) si celebra l'antico omakase edomae, dove i nigiri sono preparati davanti all'ospite da Masashi Suzuki e serviti uno alla volta, secondo una sequenza progressiva di grassezze e umami. È un percorso ricco e sorprendente, che al sushi "espresso" - con un riso che tocca la perfezione - intervalla piattini "cucinati" autenticamente giapponesi, al vapore o alla griglia robatayaki. La grande cantina a parete può ospitare fino a 1.600 bottiglie da tutto il mondo, con sei diverse zone di temperatura, comprese quelle di distillati e whisky. A curarla c'è Savio Bina, uno dei più esperti sommelier italiani. Tre ore di pura emozione.

Izu

c.so Lodi, 27

0259900221 **CHIUSO** lunedì

izumilano.com **€** 45 AE, CSi, Visa, MC, POS

FUSION. Con quasi tre decenni di attività e diverse ristrutturazioni alle spalle, Izu continua sicuro sulla scia di uno stile personale che contamina Giappone e Italia - soprattutto Milano -, Cina, California e Perù. Bello il locale all'interno, con una sala più intima, e una proposta interessante ed ampia: da non perdere i roll creativi dello chef – con abbinamenti sorprendenti – così come i nigiri e i gunkan. Poi, la serie di antipasti e le cruditè classiche sino ai piatti con il pesce, di buona fattura, vedi il merluzzo nero d'Alaska al forno in salsa saikyo, miso e gamberi al salto con jalapeno, zenzero fresco, cipollina e menta. Eccellente la cantina, rinforzata da tanti sakè e da una piacevole offerta di mixology. Validi i servizi di asporto e delivery.

J's Hiro

via C. Vittadini 7

0258320038 **CHIUSO** lunedì

jshiro.business.site **€** 50 tutte

GIAPPONESE. Un luogo differente, precursore di quei giapponesi più di lotta che di governo, più sostanza che estetica, più tinello che galleria d'arte. Non a caso in molti anni questo locale, condotto dalla proprietaria Hiromi con occhiuto rigore, si è conquistato una clientela affezionata, un po' di quartiere e un po' disposta ad attraversare Milano per mettersi in fila, ché alla fine in questo posto democratico prenotare è consigliato ma non fondamentale perché un tavolo alla fine sbuca sempre. Gli Hiro-addicted, poi, nel corso della pandemia sono riusciti a "sopravvivere" grazie all'organizzato delivery. La cucina italo-nipponica (intendendo con ciò carpacci, sashimi, chirashi, uramaki, gunkan, nigir i) è ben rappresentata e di solida mano, ma non mancano mai piatti più rustici e caldi, come lo yakisoba, gli udon, l'unajyu (anguilla arrosto in un box di riso). Ogni giorno c'è qualche fuori menu, sempre calore e sorrisi.

MILANO

Japan Bistrot

via Marco Polo, 5

0236642181 **CHIUSO** domenica
€ 40 CSi, Visa, MC, POS

GIAPPONESE. È abbastanza nascosto, nonostante si trovi a metà tra piazza Gae Aulenti e piazza della Repubblica, nel cuore della nuova Milano. Non stupisce perché l'approccio è minimale e informale, adatto a un locale con un'unica sala, arredata in maniera spartana con tanto legno. La cucina è caratterizzata da una discreta rivisitazione, quasi sempre azzeccata. Largo spazio a sushi e sashimi, sono un cult gli uramaki. Ne citiamo due, raffinati, come il Maguro gambero (con tonno, gambero, avocado, croccantini di tempura e salsa teriyaki) e il Branzino flambè (gambero in tempura, bernese, branzino scottato e tobiko nero). Grande tranquillità e uno staff davvero cordiale che sa consigliare bene la scelta. Per chi cerca altro, le soddisfazioni migliori arrivano dai carpacci e dai piatti a base di soba e udon. Selezione di vini di piccoli produttori e una carta con decine di sakè, anche non comuni, che si abbinano bene al cibo. A pranzo menu lunch e business lunch, oltre che servizio delivery e take away.

Kanpai

via Melzo, 12

0238269862 **CHIUSO** domenica
kanpaimilano.it **€ 35** tutte

GIAPPONESE. Ambiente industriale e contemporaneo, perfetto anche se fosse in un distretto di Tokyo frequentato da professionisti e da ragazzini patiti di manga. Ecco cosa piace subito di questo locale, la contaminazione di cucina, arte, beverage senza soluzione di continuità. È il mix a diventare ispirazione, la corrispondenza italiana ai nostri "vini con cucina", perché qui il bere - etichette naturali, whisky e gin giapponesi, cocktail - è protagonista dell'Izakaya, il luogo dove sorseggiare sakè fino a tardi accompagnandolo ai piatti della tradizione nipponica. Chef e bartender pensano a due teste e lavorano a quattro mani per le combinazioni più giuste e inaspettate. Nel menu, tra le declinazioni del sushi, c'è il sashimi; vanno provati l'uovo poché con crema di taro e vellutata di dashi e la frittura di pepite di pollo marinate allo zenzero. Date un occhio al Kanpai Delivery, lo spin-off dedicato a consegne e take away: dal bao al dolce non manca quasi niente e in più ci sono i ready to drink in abbinamento.

Kisen

via G. G. Mora, 9

0236525697 **CHIUSO** domenica a pranzo

kisensushi.it **€** 40 tutte

FUSION. È stato uno dei primi in città, aperto nei pressi delle Colonne di San Lorenzo (oggi c'è un'altra sede in via della Moscova 10), e da allora è rimasto un punto di riferimento dove assaggiare una cucina moderatamente fusion in un ambiente giovane e cosmopolita. Qui tutti i piatti sono realizzati al momento e si possono abbinare a cocktail e sakè, ma non manca un'adeguata carta di birre, fermi e bollicine. Si parte con un'interessante e varia selezione di antipasti (tortino di merluzzo nero, bignè di patate e salmone, involtini di verdure e soia) per proseguire con i dim sum (ravioli ripieni di carne, pesce, funghi e verdure) o con gli originali roll a base di riso – giallo, rosso e nero – in abbinamento a tartare, tempura o teriyaki. Originali e molto apprezzati i "dragon ball", deliziosi pasticcini con tonno, salmone, gambero e avocado. Nel resto della proposta, sushi, sashimi, chirashi (pure di Fassona), carpacci, tataki e insalate di wakame. Sorridente e preparato lo staff; home delivery prenotabile on line.

Kyo Fusion Restaurant

v.le Premuda, 11

0297696836 **CHIUSO** lunedì

kyofusionrestaurant.it **€** 25 tutte

ASIATICO. Un posto da consumo veloce e appagante per l'abbondanza delle proposte cino-giapponesi, un menu altrettanto basico ma molto ricco. I grandi classici non mancano, e il costo dipende dal numero dei pezzi: ravioli e poi onigiri, gunkan, temaki, nigiri e sashimi. A pranzo c'è un menu all you can eat davvero concorrenziale per rapporto qualità/prezzo. In carta le ormai onnipresenti poké bowl, come gli spaghetti di grano duro conditi alla maniera orientale e nessun problema se avete voglia di patatine fritte: le fanno. Colpisce la lunga lista dei vini, soprattutto bianchi e bollicine, etichette divertenti senza eccesso di ricarico. Un po' più striminzita sui rossi, ma va da sé. Un indirizzo che accontenta chi ama le porzioni abbondanti, potendo contare comunque su un pesce di buon livello. La formula ha sempre giocato la partita dell'asporto, e da tempi non sospetti.

MILANO

Neta

v.le Piave, 41

0236682024 **CHIUSO** domenica

netamilano.com **€** 40 CSi, Visa, MC, POS

GIAPPONESE. Formula piuttosto chiara: sushi & cocktail, il resto fa un po' da contorno, così come i colori scuri del locale sembrano pensati apposta per far risaltare la vivacità dei piatti, variopinti negli ingredienti e nell'impiattamento. Sicuramente è più consono a un pubblico giovane e a chi ama accomodarsi al bancone. La cosa migliore è farsi consigliare un percorso degustazione. In menu netta la prevalenza di crudi, poi qualche piatto caldo. I bocconi non sono giganti – cosa apprezzata per un tasting che punta a diversi assaggi – e i pesci di varia specie, dalla spigola alla capasanta, dalla ricciola all'orata, senza il "monopolio" di tonno e salmone. Gli uramaki sono molto ricchi – forse un po' troppo – nelle combinazioni e nei sapori, la materia prima è di indubbia qualità. Di caldo vale la pena assaggiare i takoyaki e il karaage di pollo. Carta dei vini rassicurante nella selezione e un po' alta nei ricarichi.

Nishiki

c.so Lodi, 70

0287393828 **CHIUSO** domenica e lunedì a pranzo

nishiki.it **€** 45 tutte

ASIATICO. Uno dei più eleganti locali di Milano, creato nel 2005 da Xiabo Zhou e sua moglie Alessandra, e che tre anni fa è stato completamente ristrutturato, per renderlo ancora più accogliente. Molto curato negli arredi dominati dal turchese, si suddivide in più sale con poltroncine e divanetti, fra cui un privé dove si può mangiare in stile orientale, senza scarpe e accomodati sul tatami. Non manca il bancone che termina con il banco bar vero e proprio, per la mixology. Il protagonista del menu è il pesce, ben preparato e proposto in piatti coloratissimi, a partire dagli "spoon", cucchiai in ceramica con assaggi vari, sino alle specialità della casa che "saltano" le frontiere del Giappone, passando per la sezione sushi e sashimi dove spiccano il "mare" di uramaki e l'"esotic sashimi" con salsa al mango e frutto della passione. I dessert sono al vassoio, di provenienza esterna, ma di qualità. Un centinaio di etichette in cantina, ospitalità al top.

Nobu Milano

via G. Pisoni, 1

0262312645 **CHIUSO** sempre aperto

noburestaurants.com **€** 100 tutte

FUSION. È griffata Armani la dépendance milanese di questo marchio internazionale e firmata dallo chef Nobuyoki Matsuhisa, partito in gioventù come apprendista a Tokyo e che ora sta al sushi come Michelangelo alla scultura. Qui l'ambiente è sofisticatissimo (e potrebbe mai essere diversamente?) e forse un po' freddo, la cucina lavora materie prime fresche di mercato, il servizio fa sentire ogni cliente come sul red carpet. In tavola finiscono piatti impeccabili, che rispettano i canoni estetici e ideologici del Giappone ma attingono a piene mani dalla dispensa italiana, come nei maccheroncini di calamaro e nel filetto di scottona piemontese in salsa teriyaki. La carta si divide in freddi e caldi, a loro volta raccolti nelle voci "classic" e "now". Notevoli i maki, qui davvero "d'autore", e i sashimi, uno spettacolo anche per gli occhi. Il top? La bresaola di Wagyu al pepe Sansho. Nei dolci rispunta l'Italia con il Tokyo Tiramisù e Pensando a una cassata. Si bevono bollicine, grandi bianchi e sakè.

Oasi Giapponese

via R. Montecuccoli 8

0241540047 **CHIUSO** domenica e lunedì

oasigiapponese.com **€** 30 CSi, Visa, MC, POS

GIAPPONESE. Nasce come take away e pasticceria (una delle prime a Milano), per poi, nel 2007, fare il salto di qualità con un ristorante in piena regola, intimo e abbellito da stampe originali di ideogrammi e stoffe orientali. Alla guida madre e figlio, autori di una proposta autenticamente nipponica, fatta di materie prime selezionate - molte arrivano dal Sol Levante - e di rispetto della tradizione. I piatti quindi cambiano con le stagioni e contemplano sushi (come lo "speciale" con gamberi crudi, salmone, ventresca, orata, capesante, anguilla, uova di salmone, riccio di mare), zuppe di ramen e udon, soba, specialità "casalinghe" qui poco conosciute come l'hiyashi chuka, una pasta fredda estiva con maiale, gamberi cotti, frittata, germogli di soia e cetrioli. Da non perdere ovviamente i dolci, dal gelato al tè verde con azuki (fagioli di soia rossa) ai dorayaki. Da bere tè, birre, liquori e distillati tipici. Servizio cortese. Prenotare.

MILANO

Osaka

c.so G. Garibaldi, 68

0229060678 **CHIUSO** sempre aperto

milanoosaka.com **€ 50** tutte

PREMIO SPECIALE I MAESTRI DEL SUSHI

GIAPPONESE. Una vera istituzione questo locale labirintico sin dall'ingresso che ha un suo stile essenziale e poco glamour quanto gradevolissimo e convincente. Lo chef Ikeda Osamu, natali ad Akita, esperienze a Parigi e in Italia da vent'anni, lavora a un suo personale modo di rendere comprensibile e giocosa anche la parte meno intellegibile di una cucina che, come tutte le cose in Giappone, non è semplice know how ma filosofia e pensiero. A pranzo una proposta business che si articola in vari "set" pratici e soddisfacenti. A cena più libertà con ampia scelta di sashimi e nigiri (notevole il Battera) e piatti di carne e pesce. Caratteristico di Osaka è il Nabe, un tipo di cottura su fornellino gestito direttamente dal cliente (da provare lo Shabu Shabu, una fonduta alla giapponese con Fassona o Wagyu). Consigliabile il menu Kaiseki, basato su tanti piccoli assaggi. Da bere ampia scelta, tra sakè, vini, tè e birra giapponese.

Parco

c.so Magenta, 14

0272003520 **CHIUSO** domenica a pranzo

www.parcosushi.it **€ 40** tutte

FUSION. Una delle prime insegne in tema di cucina nipponica, tra i pionieri di una proposta di "vero" sushi in un locale modaiolo quanto basta, con il supporto di un efficiente servizio delivery & take away. Altra sede in piazza Cavour, mentre questa, la principale, rimane quartier generale anche grazie a uno spazio ampio con banco a livello a strada e una piacevole sala al piano superiore, con sedie e poltrone. Nel tempo lo stile si è evoluto e la proposta è diventata più ampia, vedi specialità come il sashimi di picanha e il polpo scottato al sesamo. Il sushi resta in ogni caso un punto di forza, proposto volendo in formule mix. Valida in particolare l'offerta di roll: light, white, fresh, ma sono da assaggiare pure gli uramaki classici e quelli in tempura, come i temaki. Carta dei vini stringata, servizio cordiale e preparato.

Perla D'oro

p.zza Grandi, 22

0270101710 **CHIUSO** lunedì e martedì a pranzo, mercoledì
laperladoro.it € 40 tutte

ASIATICO. Insegna ben nota ai milanesi che oltre al locale storico – nel 2021 festeggerà un trentennio di attività - ne ha uno più giovane in via Vigevano 13, più suggestivo nell'ambiente ma ugualmente dedito all'"asian cuisine & sushi". L'offerta sul secondo fronte non è banale, perché unisce i classici a tante idee, ben impiattate e con abbinamenti spesso originali. Vedi la serie di gunkan, caratterizzati dal vasto utilizzo di frutta tropicale. Due ricette per capire: anguilla grigliata, ikura, sesamo e salsa teriyaki avvolta nel mango o riccio di mare, calamaro bianco e gambero rosso, con glassa di balsamico e sale di Maldon. Da assaggiare inoltre l'uramaki di riso speziato allo zafferano con avocado e salmone. La cucina è interessante, perché anno dopo anno ha allargato il raggio d'azione e, oltre a specialità orientali, come la degustazione di involtini, ha il coraggio di proporre una (buonissima) versione originale del polpo e patate. Cantina sopra la media, servizio che denota l'esperienza dei gestori nella ristorazione.

Poporoya

via B. Eustachi, 17

0229406797 **CHIUSO** lunedì a pranzo e domenica tutto il giorno poporoyamilano.com
€ 25 CSi, Visa, MC, POS

PREMIO SPECIALE I MAESTRI DEL SUSHI

GIAPPONESE. C'era una volta il Poporoya di via Eustachi, il primo sushi bar inaugurato nel 1977 in una Milano che ancora non conosceva la cucina giapponese. E c'è ancora, ristrutturato, rinfrescato, oggi affiancato dal negozio di alimentari tipici adiacente il ristorante vero e proprio e dal fratello minore Sushi Poporoya (vedi scheda), al civico 20. A condurre il locale, sin dall'inizio, il maestro Hirazawa Minoru, detto Shiro e presidente dell'Associazione Italiana Ristoratori Giapponesi. La sua è una proposta classica e tradizionale: sushi e sashimi preparati a vista, la zuppa di miso o di udon, il chirashi, gli yakitori, di pollo e con salsa di soia dolce, i ravioli alla griglia di maiale o di pesce (gyoza). Non c'è la carta dei vini e dei sakè – solo qualche birra e bibita analcolica –, ma c'è la lista delle "regole" da seguire da Poporoya, tra cui ordinare prima di sedersi e l'impossibilità di prenotare un tavolo. In compenso, però, si possono ordinare tutti i piatti del maestro Shiro in formula asporto o delivery. Molto informale l'ambiente; più che onesto il conto.

MILANO

Qor

via Elba, 30

02463091 **CHIUSO** lunedì

qor.it **€** 45 AE, CSi, Visa, MC, POS

FUSION. Una delle prime proposte fusion ben concepite a Milano, amato da una schiera eterogenea di clienti, vip inclusi. Il mix fra Oriente, Brasile e Italia funziona, ancora di più oggi con il locale rimesso a nuovo e il menu rinfrescato. La saletta è oggi più intima, irrorata dalla luce discreta di lampadari in stile déco, belli anche i tavoli. La cucina di base è giapponese, con interpretazioni del sushi (uramaki su tutti) che non deludono mai le attese. Vari e validi i temaki, fritti lievi e asciutti, a cominciare dal classico gamberi e verdure in tempura, eccellenti i gyoza. Ma l'offerta, dicevamo, incrocia vari stili e tutto il mondo, toccando dal ceviche al tropical roll che sono inseriti nella sezione speciale della casa, insieme a una serie di nigiri. Carta dei vini incentrata sui piatti, servizio attento.

Sakeya

via Cesare da Sesto, 1

0294387836 **CHIUSO** domenica

sakeya.it **€** 60 AE, CSi, Visa, MC, POS

GIAPPONESE. La prima casa del sakè in Italia si trova nascosta all'ingresso di una viuzza presso corso Genova. Si tratta di un unico locale con più anime: è bistrot (già dalla vetrina affacciata sulla strada si possono "spiare" i sushi man al lavoro); è boutique per l'acquisto di oltre 150 etichette di sakè, tè, whisky e gin; è bar, che propone cocktail a base di sakè, birre tipiche e distillati giapponesi. Piccolo, ma di gran charme, lo spazio ristorante dove provare una cucina studiata ad hoc per l'abbinamento col sakè. Lo chef Masaki Inoguchi, infatti, propone un originale menu di assaggi legati a stagionalità e territorialità, come la trippa cucinata nella salsa di miso, gli spiedini di pancetta cotti al carbone, le polpette di carne Wagyu o di polpo in tempura. Tra le specialità sono molto apprezzati il cinghiale alla brace e il polpo confit con chips di patate dolci viola. Non mancano i classici del sushi come il chirashi. Si beve bene: sakè a parte, anche vini e bollicine ben consigliati dallo staff.

Shiro Poporoya

via B. Eustachi, 20

0283972091 **CHIUSO** mercoledì a pranzo e domenica

ristoranteshiropoporoya.it

€ 35 CSi, Visa, MC, POS

PREMIO SPECIALE I MAESTRI DEL SUSHI

GIAPPONESE. Si tratta del fratello minore di Poporoya (vedi scheda) ed è stato inaugurato sempre dal titolare Shiro - Hirazawa Minoru - nel 2007. Stessa qualità delle materie prime, quindi, e pari esperienza e competenza nella proposta, ma all'interno di un ambiente più spazioso e accogliente, con grazioso dehors per la bella stagione. È molto gettonato a pranzo dagli impiegati che lavorano in zona grazie all'apprezzabile menu fisso a 12 euro, mentre la sera è un valido punto di riferimento per le famiglie del quartiere. In carta ci sono i classici di sempre (sushi, sashimi, chirashi, zuppe e tempura) e gli "speciali" di Shiro, tra cui i ramen in brodo o i takoyaki, polpettine di polpo alla piastra. Su prenotazione anche lo shabu shabu, una specialità tipica a base di sottili fettine di carne da cuocere nel brodo. Periodicamente si organizzano cene degustazione e serate a tema. Consigliata la prenotazione.

Sumire

via Varese, 1

0291471595 **CHIUSO** martedì

ristorantesumire.com € 30 CSi, Visa, MC, POS

GIAPPONESE. Si tratta di uno di quei locali che non si perdono in fronzoli da ambientazione, come bonsai o micro laghetti. La concentrazione infatti va sulla preparazione - e sulle mani - dei maestri di sushi. Intorno servono solo pulizia di linee e colori. Unica nota "frivola" è il viola delle t-shirt, che è il significato in italiano della parola "sumire". La formula a pranzo è quella del bento formato da un piatto a scelta con aggiunta di antipasto, zuppa di miso, caffè e acqua, a prezzi super convenienti. Sei scelte in tutto più i classici vassoi di sushi o sashimi misti, nient'affatto banali grazie alla bella varietà presente in lista. La sera ci si può sbizzarrire di più ordinando le buonissime polpette di polpo o i donburi di carne o di pesce, gli spiedini secondo la ricetta di Osaka, il pollo fritto marinato e il curry, ritenuto uno dei migliori della città. Accanto a ogni opzione c'è il simbolo degli allergeni presenti e in più sono stati aboliti i bastoncini usa e getta nel rispetto dell'ambiente. Carta del beverage un po' striminzita, ma comprensibile in un posto così piccolo dove c'è un ricambio veloce di clientela.

MILANO

Tomoyoshi Endo

via Vittor Pisani, 13

0266986117 **CHIUSO** domenica tomoyoshi-endo.com
€ 50 CSi, Visa, MC, POS

PREMIO SPECIALE I MAESTRI DEL SUSHI

GIAPPONESE. Un pezzo di storia della gastronomia orientale a Milano, autentico sia nella veste che nella sostanza. Si trova nascosto tra i palazzoni della via, inconfondibile grazie all'insegna e alle vetrine con le tipiche tende giapponesi. Dentro una sala sobria e lineare, con il bar e lo spazio a parte dedicato al bancone del sushi, cui vale la pena accomodarsi per assistere in diretta allo spettacolo offerto dal maestro Kato Shozo, da quarant'anni patron insieme alla moglie - e garbata padrona di casa - Masako Jato. Oltre alle convenienti proposte del pranzo e alla carta serale, ci sono le specialità del giorno, come l'Ankake Ebi Chahan, cioè riso saltato alla giapponese con gamberi, asparagi e salsa ankake. Ma è con i nigiri che Shozo dà il meglio di sé, con ventresca, gambero, ricciola, anguilla, uova di salmone, senza contare le selezioni di uramaki e ovviamente sushi e sashimi. Pari soddisfazione arriva dai cotti, vedi l'Agenashi Nasu (melanzane fritte e gamberetti in umido), i ravioli di pesce, la tempura udon. Sakè e birra nipponici e accoglienza e atmosfera che fanno venir voglia di tornare presto.

Wicky's Innovative Japanese Cuisine

c.so Italia, 6

0289093781 **CHIUSO** domenica tutto il giorno e lunedì e sabato a pranzo wicuisine.it
€ 100 AE, CSi, Visa, MC, POS

PREMIO SPECIALE I MAESTRI DEL SUSHI

FUSION. Si aggiorna di continuo la "Wicky-pedia" di questo chef incredibile dalla vita romanzesca, stanziatosi a Milano dopo decenni in giro per il mondo. Anche durante la pandemia il signor Priyan, cingalese, ha reinventato la sua cucina: creando ad esempio il maki alla lumaca, dedicato alla primavera, con il goloso gasteropode abbinato a ventresca di tonno e foie gras (benedetta primavera!). Ma senza rinunciare ai suoi classici: il Salmone pecora, carpaccio con pecorino sardo stagionato, il Carpaccio dei cinque continenti, con ingredienti che parlano tutte le lingue, il Magica, filetto di branzino al vapore con salsa di Champagne. Il vero ingrediente segreto, comunque, è lui stesso che piroetta dietro il bancone sfoderando e rinfoderando le spade, esibendo un sorriso sornione, decidendo se il cliente è speciale. Servizio impeccabile, carta dei vini stringata ma di livello alto, con etichette mirate.

Yoshinobu

via G. Parini, 7

0236591742 **CHIUSO** sabato a pranzo e domenica tutto il giorno ristoranteyoshinobu.com

€ 50 tutte

PREMIO SPECIALE I MAESTRI DEL SUSHI

GIAPPONESE. Yoshinobu Kurio – Yoshi per tutti i suoi fedeli clienti (tantissimi) – è un professionista discreto ed essenziale, e ha aperto il suo locale oltre dieci anni fa. Minimale ma confortevole, con prevalenza dei toni toni gialli che si esaltano con i dettagli floreali, è uno dei punti di riferimento per gli amanti della cucina giapponese autentica. Il maestro si reca personalmente al mercato del pesce, e oltre ai classici, propone un menu del giorno a cui è difficile resistere. Sushi e sashimi sono in pole position, basati anche su pesci diversi come il morone, la palamita, il rombo. In alternativa (o in aggiunta...) una grande tempura – non perdetevi quella di moeche, quando ci sono – o la zuppa di miso. A pranzo una delle migliori bento box sotto la Madonnina. Da bere sakè, birre e qualche vino. Prenotare sempre.

Yuzu

via L. Papi, 2

0287087152 **CHIUSO** sabato a pranzo e domenica tutto il giorno yuzumilano.it

€ 60 AE, CSi, Visa, MC, POS

FUSION. Un locale che, rispetto a tanti che mettono al centro più l'idea e lo stile, ruota attorno alla carismatica figura della chef Yoko Matsuda, un passato da Armani Nobu (vedi scheda) e un presente fatto di precisione, nitidezza, eleganza. Yoko lavora per sottrazione, non cerca di stupire con gli effetti speciali ma lo fa comunque con fantasia, sperimentazione, estro: non si limita a ripetere il bignami del sushi ma esplora tutte le contraddizioni della gastronomia, tutti i contrasti tra il piccante e l'agrodolce, tra chiari e scuri, tra battere e levare. Detto che la chef spesso traccia sentieri estemporanei, tra i suoi classici segnaliamo il ceviche con salsa aji amarillo e zenzero e le polpette con polpo e maionese piccante, oltre naturalmente a un catalogo notevole di uramaki.

MILANO

Zakuro

via V. Monti, 16

0248195468 **CHIUSO** domenica

zakuromilano.it € 45 CSi, Visa, MC, POS

GIAPPONESE. Gli anni passano ma Zakuro resta un valido indirizzo di riferimento sotto le fronde di via Monti, all'angolo con piazzale Cadorna. Da sempre molto frequentato da habitué di questa (bella) zona e professionisti del centro, ha il suo punto di forza nei sobri arredi interni in stile orientale e nel piacevole spazio esterno. Di livello la cucina, che contempla – oltre a sushi e sashimi – preparazioni insolite e creative come le coloratissime tartare (anche impreziosite con fiori e frutta di stagione) o i roll con riso, pesce, formaggio fresco ed erba cipollina. Specialità del locale sono i piatti caldi tradizionali, ad esempio il ramen in brodo, la tempura di gamberi e i gyoza, i ravioli ripieni di carne e vedure. Apprezzate inoltre le opzioni per vegetariani, molto ben presentate e confezionate. Scenografici i dolci, tra cui il loro tiramisù scomposto, e valida la carta di vini, birre e sakè.

Zen Sushi

via Maddalena, 1

0289013557 **CHIUSO** a pranzo sabato e domenica

zensushirestaurant.it € 40 tutte

GIAPPONESE. Nella piccola grande storia della cucina giapponese in Italia, questo ampio locale ha portato un tassello importante: è stato il primo a lanciare il kaiten sushi, sin dall'apertura a fine anni '90. Il posto resta suggestivo, una sorta di giardino zen con tanto legno e tinte chiare, diviso in salette dove si effettua servizio al tavolo. Ma il plus resta il banco al centro, provvisto di sedute per consumare quanto i sushimen preparano al momento e mettono sul nastro, in piattini con dieci diverse colorazioni. La proposta è ampia, con tanti classici e piatti di pesce. Le specialità sul fronte sushi? I tiger roll a base di tempura di gamberi, il vulcano roll con tonno e avocado ricoperti da spicy tuna, lo yu roll con gambero e salmone. Non male anche i bignè di sushi. A mezzogiorno "set menu" con frutta e verdura insieme alla portata principale; sempre disponbili delivery e take away. Servizio veloce e cortese.

Zero Milano

c.so Magenta, 87

0245474733 **CHIUSO** sempre aperto solo la sera

www.zero-milano.it **€** 90 AE, CSi, Visa, MC, POS

GIAPPONESE. Locale raffinato con design di alto livello, ambienti suggestivi e un bancone che, ai tempi dell'apertura - 16 anni fa - erano in pochi a poter vantare. Ma Zero non si è fermato, ha continuato a rinnovarsi e a proporre un menu di grande qualità, con accenti fusion, che a suo tempo ha svezzato i milanesi allo stile orientale. Hide Shinohara, maestro di sushi contemporaneo, conosce benissimo il classico: da qui la passione per il tartufo in abbinamento al salmone o per l'avocado da unire all'anguilla per i roll. Ma anche i nigiri e gli uramaki (provare quello con salmone croccante e lattuga) non deludono. Da non perdere tartare e carpacci, così come chirashi e donburi, con ottime esecuzioni. Cantina che spazia dalle migliori referenze italiane alle bollicine d'Oltralpe; servizio adeguato a una clientela esigente.

NOVA MILANESE [MB]

Mu Fish

via G. Galilei, 5

3348041109 **CHIUSO** sempre aperto

mufish.it **€** 45 AE, CSi, Visa, MC, POS

ASIATICO. Il locale di Liwei e Suili Zhou è diventato in poco tempo il punto di riferimento per gli amanti della cucina orientale a nord di Milano e si è creato un pubblico di fedeli, anche in città. Merito innanzitutto dell'ambiente molto curato, dal verde alle luci, che lo rende un'oasi in una zona industriale non particolarmente affascinante. I plateau di sushi, oltre ad avere una presentazione elegante, denotano la costante ricerca della qualità e una tecnica non banale. Su tutti i nigiri e i maki, proposti in tante soluzioni: affidatevi serenamente alla bravissima Jung Giovannini, tra le poche sushi woman in circolazione. Ricchissima la carta dei piatti caldi: si può spaziare dai dim sum ai crostacei, da un buonissimo pollo fritto all'immancabile merluzzo nero in salsa di miso. Non mancano le degustazioni a 40 euro (Young) e 60 (Classic), dove la parte di sushi è limitata. Servizio giovane, preciso e molto preparato. Carta dei vini in costante sviluppo e una serie di cocktail ad alto livello.

PAVIA

Hanami

v.le Partigiani, 141

0382466510 **CHIUSO** lunedì

restauranthanami.it **€ 50** CSi, Visa, MC, POS

GIAPPONESE. Riferimento cittadino con diversi anni di attività alle spalle, è per gli appassionati un pit stop consolidato e stabile su un buon livello da ogni punto di vista. La gestione appassionata e uno staff in sala preciso e attento alle esigenze del cliente sono uno dei suoi assi nella manica, cui si aggiungono l'ambiente spazioso, sobrio, in tipico stile nipponico e con dehors per la bella stagione, e, ovviamente, la qualità della proposta gastronomica. Il menu è di stampo classico: da antipasti, come i bocconcini di zucca fritti e le tartare, al riso con cotoletta di maiale, uovo e verdure (katsudon), dalle barche di sushi, sashimi o miste, alle specialità teppanyaki, come il kaisei a base di gambero, seppia, capesante e verdure miste cotte sulla tipica piastra. Anche i dolci non sono male, e la carta dei vini stringata ma efficace.

Mori

via A. Brambilla, 36

03821753329 **CHIUSO** sempre aperto

ristorantemori.it **€ 35** AE, CSi, DC, Visa, MC, POS

ASIATICO. Valido approdo per gli amanti dell'Asia, l'insegna coniuga una proposta di buon livello qualitativo alla popolarità del format basato su menu a prezzo fisso. La cucina, di stampo orientale, è particolarmente curata nell'estetica e si fregia di una selezione nostrana delle materie prime. Dall'ampia carta, consultabile su tablet (comodo anche per capire nomi e ingredienti stranieri di alcune preparazioni), si scelgono piatti caldi e crudi, a partire dal sushi nelle sue tante varianti. Di buona fattura i nigiri scottati alla fiamma, così come quelli più elaborati (salmone piccante e mandorle, ricciola e olive e così via). Vari i gunkan, con l'alga, come lo Spicy Tuna con tonno, cetriolo, tobiko, maionese e tabasco, o con le zucchine. Davvero tante le proposte di uramaki, tra classici, dello chef, con riso venere, e poi ancora tartare, fritti e intriganti preparazioni di carne e pesce. Servizio rapido ed efficiente; selezione enologica in abbinamento. Ambiente accogliente e curato.

PISOGNE [BS]

Yume Sushi & Fusion

via Milano, 3

0364870005 **CHIUSO** mercoledì

yume-sushi.it € 35 AE, Visa, MC, POS

ASIATICO. Locale dal design contemporaneo e dall'atmosfera internazionale. Tre le sale, quella principale con arredi in rovere e illuminazione soffusa, poi uno spazio con tavolo sociale anche per aperitivi, e infine la "vip room", per massimo sei ospiti ed eventi speciali. L'atmosfera non manca, grazie pure alla gradevole musica di sottofondo che rende la sosta particolarmente rilassante. Last but not least, una proposta gastronomica di livello: prodotto freschissimo, tagli e impiattamenti accurati e indovinati tocchi fusion completano un'esperienza che si ripete con piacere. A parte i classici, la carta si arricchisce spesso di nuove proposte, come, tra i dessert, il kintsugi (bavarese al Matcha, tiramisù, savoiardo homemade, caramello al caffè e spugna allo yogurt). Vini ben scelti e selezione di sakè pregiati, pure da meditazione. Servizio attento.

SESTO SAN GIOVANNI [MI]

Kokoro

via f.lli Picardi, 234

0222470793 **CHIUSO** lunedì; aperto solo la sera

kokororistorantegiapponese.business.site

€ 50 CSi, Visa, MC, POS

GIAPPONESE. Al suo diciottesimo anno di attività, il regno di Fabio (chef) e Mariko (in sala), coppia anche nella vita, si conferma un affidabile punto di riferimento per gli appassionati del genere. I numerosi habitué tornano per la sua valida cucina di stretta tradizione con qualche personale tocco di creatività e per l'ambiente lineare e raffinato, dove si trascorrono serate tranquille e senza fretta grazie al personale gentile e attento. Menu ampio con tutti i classici e specialità più "rare" da trovare in giro: hanami roll (uramaki con asparagi, tamago, erba cipollina, tobiko, tartare di salmone e carciofini scottati, scaglie di pecorino romano con salsa teriyaki e crema di peperoni al miso), il katsudon (la tipica cotoletta di maiale in umido con uova e cipolla), e poi tartare, sashimi, nigiri, gunkan, tempura e zuppe. Non mancano infine liste di tè, sakè e birre giapponesi, oltre a qualche vino.

SIRMIONE [BS]
LakHu
via Brescia, 36

3388161320 **CHIUSO** sempre aperto

lakhu.it **€** 30 AE, CSi, DC, Visa, MC, POS

ASIATICO. Nella perla del basso Garda, questo buon approdo di cucina giapponese ha cambiato sede recentemente, con il trasferimento nei nuovi locali di via Brescia. Nel menu testato prima del trasloco, molto richieste le barche Kyoto e Lakhu - rispettivamente a 35 e 50 euro - come le proposte di sushi misto. Vari i tipi di sashimi su cui ci si può orientare (di scampi e gamberi rossi di Sicilia, ad esempio), temaki (sia classici che in stile californiano) e nigiri. Trovano pane per i propri denti gli appassionati di maki, con gli "speciali" a recitare il ruolo di protagonista, a partire dall'Arcobaleno (gustosi rotoli di tempura con pesce) sino all'Unagi (con l'anguilla arrosto) passando per Saudade Tartara, con salmone e avocado in salsa teriyaki. Oltre al sushi, il menu, che ha una forte influenza cinese, è ampio: tra le proposte ravioli, riso in tante ricette, ramen e spaghetti. E ancora pesce alla piastra, tempura ben eseguiti e vari tagli di carne in salsa teriyaki. Carta dei vini centrata sui piatti, servizio attento.

TREVIGLIO [BG]
Japo Restaurant
via Filagno, 4

3498408893 **CHIUSO** lunedì tutto il giorno

www.japorestaurant.it **€** 45 AE, CSi, Visa, MC, POS

GIAPPONESE. Da quasi dieci anni, ormai, e oggi in una sede diversa di quella degli esordi, il locale di Silvia ed Emanuele rappresenta uno dei migliori punti di riferimento in zona per gli amanti della cultura nipponica. Curato da ogni punto di vista, sia nel confortevole ambiente che nel servizio - gestito dagli stessi titolari - come negli impiattamenti, propone un menu che passa dalla tradizione ad azzeccate divagazioni fusion, con diversi fuori menu che vale la pena provare. Dagli uramaki dello chef come quello con gambero in tempura all'interno e tartare di salmone, zucchina in tempura, salsa aurora e unagi all'esterno, al temaki "spicy tuna" con tonno crudo, maionese, tobiko, salsa spicy ed erba cipollina, dagli ottimi nigiri alla zuppa di miso con tofu, wakame ed erba cipollina, tutto mostra una materia prima al top trattata con sapienza, pure negli abbinamenti meno consueti. Valida l'offerta del bere, tra vini, birre e distillati.

VILLONGO [BG]
Atsushi

via Pizzigoni, 1

0350900204 **CHIUSO** martedì; aperto solo la sera
atsushi-ristorante.it € 40 tutte

GIAPPONESE. Atsushi Okuda è un professionista di lungo corso che dopo aver girato parecchio all'estero e in Italia (in particolare a Milano), si è "stanziato" in questo luogo elegante e avvolgente dove all'ospite si garantisce in primis il massimo del comfort. La sua cucina osserva le regole ortodosse della tradizione ma con piglio contemporaneo, accostando ingredienti di varie provenienze. Basta citare il roll pomodoro, con avocado, basilico e tofu stagionato, affiancato dalle classiche variazioni di nigiri, sashimi, uramaki, tartare, chirashi, carpacci, belli da vedere e ottimi da mangiare grazie a una materia prima eccellente. Se possibile accomodatevi al bancone per ammirare in diretta la fine manualità di Atsushi, uno spettacolo a sé. Da bere tè, birre e sakè oltre a qualche vino, non solo italiano. Interessanti le soluzioni a portar via o per il domicilio.

VENETO

CITTADELLA [PD]

Jadore Sushi Restaurant

via Riva del Grappa, 24

0497382132 **CHIUSO** sempre aperto

www.jadoresushi.it € 40 CSi, DC, Visa, MC, POS

GIAPPONESE. Un locale curato che si trova in una posizione di privilegio, a tu per tu con le mura della cittadina, dotato di un suggestivo dehors in cui accomodarsi nella bella stagione. Qui non mancano i classici della scuola giapponese (tutti ben eseguiti) con qualche sensata incursione creativa che rende l'esperienza a tavola estremamente piacevole e curiosa.
Al primo assaggio si nota subito la freschezza del pesce impiegato nelle preparazioni, esaltata soprattutto nel sashimi e nel nigiri (ottimi quelli con gambero rosso e scampo). Tra le altre voci da provare gli originali uramaki, come il branzino fritto in panko, salmone tataki, salsa alla senape di Digione. Tra i caldi, le tempure classiche e le proposte dalla piastra. Il tutto viene impiattato con pulizia e precisione e presentato con garbo dal personale di sala. Carta dei vini all'altezza della proposta culinaria.

MESTRE [VE]

Aki Restaurant

via Torino, 6

0418477846 **CHIUSO** lunedì; aperto solo la sera

www.akirestaurant.it € 40 CSi, DC, Visa, MC, POS

GIAPPONESE. Al 17esimo piano della HTM Tower Venice, Aki è un ristorante metropolitano con grandi pareti a vetro, che regalano una luminosità senza pari e una vista superlativa con Venezia in lontananza. Il grande banco di lavoro è il regno del sushiman Aquira Nakasuga, conosciuto per aver portato la cucina giapponese di qualità in città. Se ne riconosce la maestria nel taglio del pesce, nelle perfette fattezze dei roll e nell'estro creativo di alcuni piatti, il tutto a partire da grandi materie prime. Stuzzica l'appetito lo Shabu Shabu con carpacci misti, crostacei e salsa ichiban-dashi; croccante la frittura dei gamberi furai (con panko) e dei calamari in tempura. Vale la pena farsi guidare dalla fantasia dello chef per uramaki, nigiri e maki, proposti insieme al sashimi in composizioni dall'estetica accattivante. Si può chiudere con un ottimo gelato al tè verde. Il servizio è giovane e dinamico. In carta etichette italiane note e ampia scelta di Champagne, anche blasonati; ridotta la selezione di birre e di sakè.
Nella bella stagione - e durante le restrizioni Covid - si può godere del rooftop al 19esimo piano, anche per un drink del sottostante cocktail bar Blind Spot.

PADOVA

Mode Sushi

via San Marco, 182

049725577 **CHIUSO** sempre aperto

www.modesushi.it € 35 tutte

GIAPPONESE. Una gradevole finestra sul Giappone disposta su due sale (una più ampia, l'altra più intima) in cui poter provare anche la caratteristica area tatami, con tavoli bassi, cuscini e sedute per adottare la seiza, la tradizionale posizione giapponese da tenere a tavola. Il menu consente di spaziare nell'ampio repertorio della cucina nipponica, con un'evidente attenzione alla qualità delle materie prime e alla giusta dimensione delle porzioni. Da provare i nigiri (oltre al tonno e al salmone consigliato quello con l'anguilla), il sashimi, il chirashi e gli hosomaki. Ottimi assaggi dalla carta anche il sake tartare con avocado e tobiko, la tempura mista e la deliziosa zuppa di miso. Valide le proposte per il lunch e il menu per vegetariani. Per il bere conviene affidarsi alla birra, al tè o al sakè, vista la ridotta offerta enologica. Servizio cortese.

Sushi Su

via Giordano Bruno, 42

3493785859 **CHIUSO** lunedì tutto il giorno

€ 50 AE, CSi, Visa, MC, POS

GIAPPONESE. A una decina di minuti da Prato della Valle, sopra la pizzeria Stecca (della stessa proprietà), un'elegante insegna riferimento cittadino per il sushi. Il locale è chic, piuttosto eccentrico e offre una carta ricca per qualità e ampiezza dell'offerta. Tutto ruota attorno a una scelta accurata del pesce e all'originalità degli assaggi, perlopiù fedeli alla cucina giapponese, ma con varianti interessanti. Non si può che cominciare con il sashimi misto (di tonno, salmone e pesce bianco o aragosta) e con i nigiri, entrambi disponibili nei formati maxi o standard, a seconda del numero dei pezzi.
Il denominatore comune sta nella freschezza delle materie prime e nella meticolosità del taglio, binomio che si traduce in bocconi delicati ed equilibrati. Il seguito può essere affidato ad altre proposte tipiche del Sol Levante (uramaki, hosomaki o tempura) oppure alle raffinate (ma onerose) alternative, tra cui i carpacci al caviale, i cotti (vedi l'estroso astice bollito con frutta, insalata, salsa di cocco e pasta di riso croccante o le stagionali moeche caramellate), la carne di Kobe. Carta dei vini ben assortita, che contempla anche blasonate bollicine francesi. Non all'altezza del resto il servizio di delivery.

TREVISO

Yu Restaurant

v.le della Repubblica, 245c

0422307462 **CHIUSO** lunedì; aperto solo la sera

www.yurestaurant.it € 40 CSi, DC, Visa, MC, POS

FUSION. Paolo e Pierangelo Sartor, il primo in sala, il secondo in cucina, affiancato da Alice Guerrieri, sono l'anima di questa insegna trevigiana, da circa quindici anni approdo per gli amanti della tradizione nipponica, ma non solo. Accolti in un ambiente moderno ed essenziale, si gusta un menu che da carpacci e crudi all'italiana (molto buono il salmone fumante, leggermente marinato e affumicato al momento) spazia verso piatti fusion, per poi sondare alcuni capisaldi giapponesi, come zuppe, insalate, tempura e le varie sfaccettature del sushi. Composti a dovere i nigiri, bocconi armonici e ben equilibrati con scampo, cicala di mare, ricciola. Tra gli uramaki, ben riusciti l'Unagi (anguilla giapponese, alghe piccanti e salsa teriyaki) e lo Spice Tuna (tonno, Tabasco ed erba cipollina). Il servizio è preciso, per gli abbinamenti si sceglie tra vini e birre. Nel menu ideato per l'asporto, anche bao ben fatti.

VENEZIA

Basara

calle Lunga San Barnaba, 2687

0415225955 **CHIUSO** lunedì; aperto solo la sera escl. venerdì, sabato e domenica

basaramilano.it € 50 tutte

GIAPPONESE. Il format milanese di Danilo Migliarese e Hirohiko Shimizu dal 2015 è arrivato anche a Venezia. Un ambiente accogliente, con mattoncini a vista, bancone del sushi e una piacevole corte interna. Alle proposte più tradizionali si aggiungono originali creazioni come il ceviche al mojito con lime, menta e zenzero o il Pasticcino: un pezzo unico ripieno, morbido e avvolgente; da provare la versione Aburi di salmone, con crema di avocado, gambero cotto, maionese e tobiko. Tra gli uramaki, lussurioso quello con tempura di gamberi, copertura di avocado, astice gratinato e salsa kabayaki. Per gli amanti della carne, il Wagyu è sia nel sushi che in versione Sukiyaki. Ai dolci è dedicata un'attenzione particolare: da provare le versioni di daifuku (pasta di riso ripiena di marmellata di fagioli azuki) e di tiramisù. La cantina spazia tra vini e bollicine, italiani ed esteri, una proposta di sakè (ben descritta e anche in degustazione), birre e distillati giapponesi tra i più conosciuti. Servizio giovane, attento e cortese. Nota di merito per delivery e take away anche sottovuoto. Ci sono anche i corsi, sia professionali che amatoriali, della Japanese Food Academy.

VENEZIA
Mirai Creative Sushi

lista di Spagna Cannaregio, 227

0412206517 **CHIUSO** lunedì; aperto solo la sera

www.miraivenice.com € 50 tutte

FUSION. Il primo sushi bar ad aprire in città (nel lontano 2002) in Lista di Spagna, grazie all'estro creativo del noto sushiman Aquira (ora all'Aki di Mestre, vedi scheda), Mirai si trova oggi all'interno dell'Hotel Principe - ma con accesso riservato - dove gode di un'esclusiva terrazza affacciata su Canal Grande. Nel bancone, rigorosamente a vista, vengono lavorate in diretta ottime materie prime, declinate in proposte di sushi tradizionale con nigiri e sashimi, prima di tutto (di dentice, tonno, salmone, capesante), e versioni più fusion di uramaki e temaki, ad esempio. Da provare la Mirai salad, un'insalata di alghe con gambero crudo e granchio. Molte delle proposte sono anche in chiave vegetariana, come gli uramaki con verdura (da provare anche con la frutta). Non mancano tempure e antipasti caldi. Il menu degustazione è un'ottima opzione se si preferisce lasciarsi guidare dallo chef.

VERONA
Ikai

c.so Porta Nuova, 22/a

0458035086 **CHIUSO** lunedì

www.ikai.it € 45 tutte

GIAPPONESE. A pochi passi da piazza Bra, questo locale è caratterizzato da un'atmosfera moderna e propone varie tipologie di posti a sedere: da quelli al kaiten, il tappeto rotante, alle sedute situate di fronte alla piastra di cottura, alla sala in stile tatami, fino agli spazi più classici con tavoli e sedie. Il menu è ampio, con un'ottima proposta di sushi e sashimi, fra i quali capesante, riccio di mare, ventresca e manzo di Kobe A5, sempre ben presentati. Di buona fattura anche le zuppe e primi piatti, come la zuppa di miso con vongole e gli spaghetti soba con misto mare. Una caratteristica del locale è la teppanyaki, cottura alla griglia sia di carne che di pesce, come il calamaro con asparagi, pomodori e salsa al nero di seppia. Fra i dolci diverse e interessanti proposte, come anche nella carta delle bevande, dove sono presenti birre artigianali giapponesi e molti vini, per lo più bianchi, anche al bicchiere. Servizio cortese e senza troppi fronzoli.

Sushi Tao

Lungadige B. Rubele, 14

0458015118 **CHIUSO** martedì tutto il giorno

www.sushitao.it € 45 CSi, Visa, MC, POS

ASIATICO. Di fronte all'Adige, e a un passo dal centro, il locale si articola in una grossa sala in stile moderno con un lungo bancone come sushi bar, posto proprio di fronte alla cucina. Qui si viene per i piatti giapponesi con uno sguardo alla cucina coreana e thai. Da provare il sashimi, nella versione New Style, con gamberi rossi di Sicilia ed erba cipollina, e i nigiri, che spaziano fra polpo, anguilla, capesante, scampi, gamberi rossi, tutti di buona qualità. Fra le altre proposte, deliziosi gli involtini thai con menta, la zuppa di granchio in agropiccante e i fried rolls, proposti in moltissime versioni, fra le quali spicca il Ribbon Lobster, con astice, uova di pesce volante, avocado e maionese. Oltre alla carta, molto interessante il menu con cinque piatti a scelta a pranzo e a cena. Il servizio è molto professionale, rapido e attento. Carta ampia anche per le bevande, con diversi bianchi per lo più locali, spumanti e qualche Champagne.

VICENZA

Ginzo

via E. T. Moneta, 214

0444881455 **CHIUSO** lunedì tutto il giorno

www.ginzo.it € 45 tutte

GIAPPONESE. Un bel locale dagli spazi armonici e raffinati, con una parte riservata ai tatami. La cucina interpreta i classici giapponesi con cura e un pizzico di contaminazione, a partire dal sushi in tutte le sue varianti. Si comincia con i classici nigiri di tonno, branzino, salmone, gambero rosso, ma anche di mazzancolla al vapore o di sardina fumé, ben equilibrati tra riso e pesce. Poi gunkan di varia foggia (come il TunaGiò, con riso, sashimi di tonno, tartare di tonno, maionese, tartufo, uovo di quaglia) e sashimi ortodossi o creativi (ad esempio salmone, crema di mango e pistacchio). Varie le proposte di roll, dal California, con gambero cotto, avocado e salsa tonnata, al più ricercato Baikal Roll, riso con tartare di tonno e avocado, con all'esterno tonno speziato e caviale Baikal. Vale l'assaggio anche il resto del menu, dai gyoza al teppanyaki di carne o pesce. Personale attento e cordiale. Per il beverage, una piccola selezione di bevande, sakè e birre.

VILLORBA [TV]

Halu

v.le della Repubblica, 12i

3331032855 **CHIUSO** sempre aperto

www.halurestaurant.it **€** 45 tutte

FUSION. Luogo raffinato, nel quale la cura dei dettagli è evidente in ogni settore, dall'ambiente al servizio, Halu è anche la tavola alla quale ci si accomoda per gustare la cucina di Shaoyi Hu, chef di origini cinesi, appassionato di cultura e gastronomia nipponica e orientale. La partenza è affidata a una serie di antipasti intriganti, tra i quali l'ostrica della Normandia, con carpaccio di capasanta, ikura e salza yuzu. Largo al sushi, con sashimi di tonno e salmone, nigiri classici e special (alici del Cantabrico e ciuffi di formaggio; capasanta e caviale; ricciola e tartufo nero). Di caratura gli uramaki, con versioni creative come il fiore di zucca farcito con mazzancolla e avvolto in carpaccio di tonno marinato, sesamo al wasabi e crema di wasabi. Da non perdere il resto del menu, dai ravioli dim sum ai piatti di carne, frutto di accostamenti sempre ben centrati. Densa di opzioni la carta dei vini e delle bollicine, con referenze da Italia ed estero, affiancata da una piccola selezione di sakè e birre. In versione take away c'è la Halu Emotion Box, selezione di sushi a cura dello chef.

TRENTINO ALTO ADIGE

BOLZANO/BOZEN

Bamboo Alpensushi

via dell'Isarco, 3b

0471050358 **CHIUSO** domenica tutto il giorno

www.alpensushi.it **€** 35 CSi, DC, Visa, MC, POS

GIAPPONESE. Tra il Talvera e piazza Walther, Bamboo è la sede storica di Alpensushi, insegna che negli anni è cresciuta fino ad aprire ben cinque locali. Uno stile elegante, dove spicca l'uso del legno naturale con accostamenti contemporanei e una mise en place essenziale e curata. La proposta del menu è giapponese, con protagonista le tante varianti di sushi e una buona alternativa di piatti caldi. Interessanti le tipologie di hosomaki con abbinamenti originali, valide quelle vegetariane con avocado o ananas. La cucina calda, contenuta nel numero di proposte, è un buon assaggio alla tradizione nipponica. La carta delle bevande pone attenzione al mondo dei fermentati: diverse etichette di birre giapponesi e altrettante di sakè. Non mancano alcuni vini locali per chi gradisse l'abbinamento. Servizio cortese e attento, adatto all'ambiente raffinato. Meritano una tappa, anche solo per uno spuntino, le altre insegne a Bolzano, pensate per pause pranzo veloci o proposte da consumare a casa, o l'ultimo locale aperto a Merano, una versione di Bamboo in piccolo.

Zushi

c.so Italia, 13

0471283440 **CHIUSO** domenica a pranzo

www.zushi.eu **€** 30 tutte

FUSION. Ambientazioni minimal caratterizzano questo ristorante di Bolzano, parte di una catena che ha portato il crudo nipponico nel nord Italia. In carta ampia scelta. A partire dai poké in stile hawaiano, proseguendo con i classici nigiri, compresa una versione alternativa con manzo Wagyu e rosso d'uovo crudo, oppure quella flambé con salmone teriyaki, tuna spicy o branzino tartufato, tutti alla fiamma. Fantasiosa la selezione di roll dai vari ripieni, tra cui citiamo il Popponghi Hills, gambero fritto in tempura, frittata, olio al tartufo, lattuga, salsa zushi, e di nuovo la proposta con manzo Wagyu, asparagi bolliti, avocado, salsa barbecue, maionese piccante togarashi. Fresche e gustose le farciture dei temaki, come quella con salmone, avocado, lattuga, maionese, erba cipollina e mandorle. Tante le alternative veg. Barche e vassoi sono le opzioni ideali per degustare più preparazioni. Si bevono vini e bollicine - Champagne compresi - e birre giapponesi.

MERANO/MERAN [BZ]

Sushi Minto

via San Marco, 2

0473690771 **CHIUSO** lunedì tutto il giorno e domenica a pranzo **€** 35 CSi, DC, Visa, MC, POS

FUSION. Il locale, accogliente e curato nel dettaglio, è il primo biglietto da visita di una cucina votata alla qualità e alla freschezza dei piatti, frutto di prodotti ben scelti e di tecnica esperta. Grande soddisfazione proprio a partire dai sashimi (da provare nel mix di salmone norvegese, salmone Sockeye, tonno, branzino e ricciola) e dai nigiri, oppure nel chirashi poké, in cui il salmone, il tonno e la ricciola, si accompagnano a frutta esotica, avocado e riso. Tra i temaki si fa apprezzare quello con riso Venere, avocado, gamberi avvolti in alga rosa e polvere di cocco. Tra gli uramaki consigliamo il Suzuki Sour, con branzino al lime, cipolle rosse morbide, avocado e zenzero croccante, e il Minto, con branzino, tempura di gamberi, salmone con salsa al miso e miele. Da bere una buona selezione di vini e bollicine, italiani ed esteri, birre giapponesi e qualche cocktail. Personale gentile e professionale.

PERGINE VALSUGANA [TN]

Il Giardino di Giada

via Roma, 20

0461512146 **CHIUSO** martedì tutto il giorno

www.ristorantecinesegiardinodigiada.it **€** 25 tutte

ASIATICO. Locale storico per la Valsugana, il Giardino di Giada, dista pochi minuti in auto dal lago di Caldonazzo, nell'edificio che lo ospita da più di 22 anni. La gestione di Xiao Rong Li è familiare e calorosa, così come lo sono l'ambiente e la tavola. Il menu lascia trasparire le origini cantonesi della cucina, con una proposta di piatti caldi molto completa: tra questi ottima la carne in agrodolce. Non lascia delusi il sushi, preparato con grande attenzione alle materie prime e dall'ottimo e bilanciato risultato. Da provare gli uramaki ed i futomaki, ben serviti; molto presenti tempure e fritti sia nel pasto che nella carta dei dolci. Selezione delle bevande adatta a più gusti: con alcune etichette di birre giapponesi e cinesi, affiancate a un'attenta scelta di vini locali, con molti aromatici. Consigliato per pause pranzo sincere e contenute nel prezzo o per cene esotiche, sentendosi come a casa.

ROVERETO [TN]
Al Silenzio

b.go Santa Caterina, 20

0464436229 **CHIUSO** lunedì, martedì e domenica

al-silenzio.it € 35 CSi, Visa, MC, POS

FUSION. Locale storico della città, che trova nuova identità con la gestione di Gianfranco e Carlotta, padre e figlia. Lui, con un passato di viaggi e musica, è addetto alla ricerca culinaria e al menu; lei, appassionata di vini e ostessa nell'animo, racconta come pochi altri i piatti e accoglie sempre con calore. Il menu non manca mai della presenza del Trentin Sushi: una rivisitazione delle ricette tradizionali nipponiche con pesce di acqua dolce e verdure locali. Tra nigiri, futomaki e uramaki, quattro o cinque varianti, di cui una sempre vegetariana, che mescolano preparazioni e crudité, con una selezione di materie prime di alta qualità. Il resto della cucina è un viaggio tra esplorazioni nordiche e marinature orientali: raramente troverete lo stesso piatto. Carta dei vini ricchissima e tutta da scoprire: fatevi consigliare e non sbaglierete. Prima di uscire un assaggio ai dolci, consigliati il blondy o la sablè con lemon curd, accompagnate da un assaggio di gin, sempre di produzione propria. Consigliata la prenotazione. Per il take away c'è il laboratorio di fronte (vedi appendice).

TRENTO
Shi's

v.le A. Olivetti, 3

0461392103 **CHIUSO** sempre aperto

www.shis.it € 30 tutte

FUSION. Ambiente moderno ed elegante per questa catena nel quartiere più innovativo della città. In una delle architetture di Renzo Piano e di fronte al Muse (museo delle scienze ad opera dell'archistar) mangiando tra i tavoli all'esterno vi sentirete come in una - piccola - metropoli. Sashimi non ortodossi, finemente conditi e serviti con letti di verdure, si alternano a coloratissimi uramaki, preparati in svariate versioni, originali i roll con topping flambé. Valide le proposte di sushi misto, dalle porzioni abbondanti. Il menu si completa con piatti caldi con diverse varianti di noodles. Lasciate spazio ai roll dolci: si riveleranno un piacevole saluto; oltre alla versione dei ravioli cinesi con mele e cannella, la rivisitazione dello strudel, dolce trentino per eccellenza. Carta delle bevande ben fornita; servizio formale, adatto al luogo, che anche in pausa pranzo mantiene un certo decoro.

TRENTO
Zen

via Malpaga, 14

0461262109 **CHIUSO** sempre aperto

€ 35 CSi, Visa, MC, POS

GIAPPONESE. Nel cuore di Trento, in una piccola e tranquilla piazzetta, uno dei primi ristoranti di sushi della città. Molto frequentato in pausa pranzo da studenti e lavoratori per le formule conviviali ed economiche, mentre nell'orario serale si va alla carta, in un ambiente elegante e curato. Il sushi è il vero protagonista del menu, dalle varianti più tradizionali ad alcune ricette originali. Tutto preparato al momento nel grande banco a vista posto al centro della sala. Cavalli di battaglia il temaki con tempura di gamberi e gli uramaki flambé, presenti in diversi abbinamenti, tutti molto golosi e dalle cotture precise. La cucina propone alcune preparazioni calde e un buon assortimento di grigliati di carne e pesce (per chi amail genere, da provare l'ottima l'anguilla). Buona la carta dei vini, che unisce le tipicità locali ai giusti abbinamenti col gusto orientale. Servizio preciso e versatile.

FRIULI VENEZIA GIULIA

GORIZIA

Il Vostro Eden

v.le XX Settembre,71

3473100825 **CHIUSO** lunedì; aperto solo la sera escl. martedì e venerdì www.eden-go.it

€ 45 CSi, DC, Visa, MC, POS

FUSION. Nato 10 anni fa come You Sushi, poi evolutasi in questa formula, l'insegna goriziana si è fatta apprezzare per la qualità delle materie prime (locali), per l'impeccabile servizio in sala, per l'ottima scelta di vini regionali e per l'eleganza dell'arredo. Il merito, in cucina, è di Adriano Maniacco, mentre gestione e supervisione sono di Lara Starz: cresciuta professionalmente a Roma, dove ha appreso l'arte dell'accoglienza e della miscelazione, è tornata nella città d'origine per portare la sua esperienza. Potremmo definire la cucina come esotica, giapponese e oriental fusion, con ottimi carpacci di pesce, interpretazioni con ingredienti glocal, che vanno dai delicati sashimi agli uramaki dream; da provare il tataki di tonno e, come dessert, il Tirime su - Coppa Vetturino. Ad accompagnarli i sakè e gli interessanti drink della casa. Nell'estate 2021 uno spostamento temporaneo, con Adriano che creerà fingerfood nipponici all'enoteca Vini Pregiati di Grado, in attesa di riaprire il locale a settembre.

TRIESTE

Sushi Yko

via della Madonnina, 27

040767275 **CHIUSO** martedì tutto il giorno

€ 30 CSi, Visa, MC, POS

FUSION. Il locale è davvero piccolo, ma l'offerta veramente ampia: ci vuole più di qualche minuto per consultare il menu appeso al muro o, più comodamente, sullo smartphone, grazie all'app del delivery. In carta c'è un po' di tutto, compresi ramen, pokè, preparazioni alla griglia, tacos, preparati nella cucina adiacente alla sala, parzialmente a vista. La mise en place è spartana, forse eccessiva la semplicità degli arredi, ma la proposta di buon livello. Il locale è situato un po' fuori dal centro, ma ci si va volentieri per degustare del pesce fresco e ben lavorato dalle mani dello chef. Classica la varietà di sushi, gli uramaki sono sia tradizionali che più elaborati, tutti della corretta dimensione per essere mangiati in un unico boccone, ben bilanciati in consistenze, temperature e sapori. Consigliato il Dragon roll, con tempura di gambero, pesce scottato servito ancora caldo, limone e salse. Il personale si rende subito disponibile ad aiutare i clienti meno esperti e quelli più indecisi.

TRIESTE

Wasabi

scala al Belvedere, 2b

0404702081 **CHIUSO** lunedì tutto il giorno

www.wasabi-trieste.it € 25 CSi, DC, Visa, MC, POS

GIAPPONESE. L'insegna, attiva da oltre 10 anni in città, si è organizzata bene con asporto e delivery nei periodi in cui le chiusure lo hanno imposto, seppur sia un ristorante con quadri giapponesi, luci soffuse, atmosfera romantica. In cucina si utilizzano prevalentemente prodotti freschi e ogni menu prevede una zuppa col riso (anche quando si opta per il servizio a domicilio): un antipasto che crea appetito e che invita ad assaggiare la gran varietà di yakitori, spiedini con pollo, vitello, salmone, formaggio e funghi, oppure le tante sfaccettature del sushi. Oltre alla carta, varie le proposte di menu, come il Royal B26 (ideale per una coppia di persone): misto di zuppe, maki misti, nigiri e sashimi. Da provare i chirashi (sashimi su una ciotola di riso), ottimi i maki croccanti all'esterno. In abbinamento una discreta scelta di birre e vini del Collio.

Zushi

via San Nicolò, 4

0407652242 **CHIUSO** sempre aperto

www.zushi.eu € 30 AE, CSi, Visa, MC, POS

FUSION. Situato nel centro città, a due passi dal mare, il locale triestino della famosa catena è moderno, pulito e minimal; i tavoli sono un po' piccoli, ma il personale veloce e preciso. Si percepisce la freschezza della materia prima ittica sulla quale si basano le preparazioni e sono netti i gusti dei singoli ingredienti che vanno a comporre i piatti, ben bilanciati e impiattati con cura. Sul versante sushi, ottimi i maki, si scioglie in bocca il sashimi, un'esplosione di sapori il South Beach Roll (salmone flambato, mango, fragole, avocado, mandorle e salsa teriyaki) piacevolissimo alla vista. Molte anche le proposte vegetariane, oltre a ramen, poke bowl, tartare. Per gli abbinamenti, sono disponibili alcune birre giapponesi e vini adatti a tutte le preferenze, mentre a fine cena si può optare per un buon sakè.

UDINE

Shi's

v.le del Ledra, 56

0432531922 **CHIUSO** sempre aperto

www.shis.it **€** 25 tutte

FUSION. La catena, con numerose insegne in diverse regioni (quasi tutte le nordest), si concentra su una proposta dal buon rapporto qualità-prezzo, con una selezione di materie prime ittiche che vanta provenienza da produttori certificati. Tra le voci dedicate al sushi, più riuscite quelle variopinte, che strizzano l'occhio al gusto occidentale, come il Nigiri Crispy (riso in crosta di panko, salmone, maionese e peperoncino) dalla piacevole croccantezza, o l'uramaki special Shi's: salmone in tempura, formaggio cremoso, avocado, briciole di panko e salsa teriyaki. Il wasabi è molto carico e il piccante dello zenzero non passa inosservato. Non all'altezza del resto il gambero crudo argentino, mentre gli uramaki classici hanno poca spinta nel sapore. A pranzo è disponibile un conveniente menu degustazione, che comprende quattro assaggi a 11.90 euro. In carta anche antipasti, poke, piatti caldi e dolci. Scelta discreta di vini. Consegna a domicilio puntuale, che mantiene la qualità del prodotto. Altre sedi presso il centro commerciale Città Fiera e a Pordenone.

Tokyo

v.le Ungheria, 75

0432297149 **CHIUSO** lunedì tutto il giorno

€ 25 CSi, DC, Visa, MC, POS

GIAPPONESE. Il locale è molto intimo ed accogliente e si può scegliere tra tavoli normali, tatami o bancone, davanti al sushiman, osservandolo durante la preparazione dei piatti. Nei nigiri si sente la freschezza del pesce (per noi salmone), ottima la tempura e buonissimo lo Spicy shrimp tempura roll, in cui è nettamente percepibile la croccantezza naturale dell'asparago e quella della frittura, abbinato a una salsa leggermente piccante che non copre il gusto del gambero. Piacevole il Tsuna roll, con un gradevole contrasto tra il morbido tonno al vapore e i peperoni. Il personale è disponibile e cordiale, valida la possibilità di ordinare piatti misti per poter assaggiare più cose, disponibili in dimensioni diverse a seconda dell'appetito. In menu molte preparazioni calde, come il kaku, stracotto di maiale, o il pesce servito nei più svariati modi. Le portate sono in generale curate e bilanciate. Per l'asporto è necessario telefonare (non c'è una piattaforma per gli ordini online).

EMILIA ROMAGNA

BOLOGNA

Seijo

via A. Costa, 63/2

0510280033 **CHIUSO** lunedì tutto il giorno

seijo.it **€** 35 CSi, Visa, MC, POS

ASIATICO. Un'insegna curata, dagli arredi moderni, valido approdo per gli amanti della cucina asiatica, con accenti thailandesi e giapponesi, che talvolta sconfina anche nelle colorate contaminazioni brasiliane. Tartare e carpacci, tra i crudi, cedono il passo alle tante declinazioni del sushi. Un valido esordio il sashimi di gamberi rossi e scampi, poi hosomaki classici con tonno, salmone, gamberi cotti. Varie le versioni di gunkan (con salmone e tartare piccante, o capesante, ricci, gamberi rossi) e di uramaki, proposti con anguilla, o con wakame, salmone e tobiko, o, ad esempio, in versione vegetariana con avocado, cetrioli e rapa gialla. Sul fronte "caldo", ravioli di vari tipi, tempure, soba, ramen, pesci alla piastra, ma anche pad thai e zuppa tom yam koong. Servizio cortese e veloce.

Seta

corte Isolani, 2

0510039367 **CHIUSO** sempre aperto

www.setasushilab.com **€** 45 tutte

GIAPPONESE. La raffinatezza del locale, posizionato nella deliziosa Corte Isolani, fa il paio con la qualità e la cura della cucina. Materie prime di ottimo livello, spesso blasonate, elaborate con cura, in un menu vario che, però, conserva nel sushi il suo protagonista. Tra gli assaggi da non perdere innanzitutto i grandi classici, sashimi e nigiri, dai sapori nitidi e dal taglio preciso: gli amanti del tonno troveranno la materia prima selezionata, come d'usanza nel mondo sushi, nelle diverse gradazioni di grassezza della carne, dall'akami all'otoro. Molte varianti negli uramaki: tra gli accostamenti disponibili, gambero in tempura, maionese speziata, astice, avocado e tobiko, oppure tartare e carpaccio di pesce bianco, avocado, tobiko e salsa jalapeno. In menu anche tartare, carpacci e una rosa di piatti caldi, dalla tempura di capesante allo yaki soba con gamberi e moscardini. Servizio cortese e professionale, molto attento nel dialogo con il cliente. Per gli abbinamenti si pesca da una piccola selezione di vini bianchi, bollicine e birre.

BOLOGNA

Yoshi

via Emilia Levante, 164

0051546292 **CHIUSO** sempre aperto

www.yoshi-bologna.it **€** 45 tutte

GIAPPONESE. L'insegna di Giulio Xia è da anni un approdo sicuro per gli amanti della cucina giapponese in città, un locale che accoglie con arredi curati, una zona tatami e un servizio che gira con un ritmo abbastanza puntuale. Il menu verte soprattutto intorno al mondo del sushi, con interpretazioni valide e materie prime di buon livello. Nigiri e sashimi sono proposti nella loro veste classica, di tonno, salmone, branzino, così pure il chirashi, tutto combinabile in comode box per l'asporto e il delivery; meno ortodossi gli hosomaki, non tondi, ma assemblati a forma di petalo. Sui roll le varianti si moltiplicano: tanti, ad esempio, gli uramaki, dai Mei Roll di fiori di zucca, ripieni di gambero, con tonno scottato e sesamo, agli Ebi fry, con gamberoni fritti e tobiko, ben equilibrati nella composizione. La carta continua con temaki e insalate e con le preparazioni calde, fritti, piatti a base di riso, soba, spaghetti di soia e così via. In abbinamento vini, birre, sakè e tè.

YuzuYa

via Niccolò dall'Arca, 1i

0510415021 **CHIUSO** lunedì e domenica tutto il giorno e martedì a pranzo www.yuzuya.it

€ 25 CSi, Visa, MC, POS

GIAPPONESE. I coperti sono pochi (specialmente dopo le restrizioni post pandemia), quindi val la pena prenotare per accomodarsi in questo locale conosciuto per aver portato a Bologna la cucina giapponese di casa, che inneggia alla tradizione più confortevole e autentica. Nel menu, anche nelle versioni asporto e delivery, non manca di certo il sushi, proposto con cura in un numero limitato di varianti. Si parte dal classico sashimi misto (di tonno, di salmone, di polpo) e dai nigiri, in versione cruda o "scottata", ben equilibrati tra riso e pesce. Ci sono poi gli uramaki (con gambero, avocado, uovo e maionese), gli hosomaki, farciti con tonno e maionese, con ventresca di salmone, ma anche futomaki con guarnizione più ricca nella versione della "casa". Le proposte di piatti caldi sono tante, dal tonkatsu (una sorta di cotoletta di maiale) ai gyoza, dalla frittura di gamberi ai takoyaki, le polpette di polpo. Si conclude con i dolci tipici, come i mochi. Per accompagnare piccola selezione di vini (anche al calice), birre, sakè oppure tè.

MILANO MARITTIMA
Krudo Sushi and More
Rotonda I maggio, 8

0544471813 **CHIUSO** sempre aperto

www.kru-dosushi.it € 40 AE, CSi, Visa, MC, POS

FUSION. Nel bellissimo e accogliente contesto del Caffè della Rotonda, a due passi dal mare, uno spazio a parte è dedicato alla cucina sushi, con una piacevole vena fusion che coniuga la tradizione nipponica con inserti brasiliani, hawaiani e peruviani e risultati molto apprezzabili. La deriva esotica si evince negli accostamenti con la frutta, da gustare nel Sashimi mix and fruit (ma non perdete anche il peruviano ceviche di salmone e branzino marinati al lime con peperoncino e riso). Il comun denominatore in tutte le preparazioni, anche quelle più classiche, è la freschezza del pesce - come degli altri ingredienti - e la cura del taglio. Bene dunque tutte la varianti, dagli uramaki classici e fusion (come il Kru do Roll con salmone, avocado, gambero panko, formaggio fresco e cipollotto), ai nigiri. Intriganti il Samba fritto roll, con salmone fritto, maionese e insalata, i temaki e il gunkan flambó (con salmone e formaggio fresco flambato al Cointreau). Si beve attingendo a una bella scelta di vini, più birre giapponesi e qualche sakè.

MODENA
Crudo
via Emilia Est, 953

3703725350 **CHIUSO** sempre aperto

www.crudo.restaurant € 30 tutte

FUSION. Un contemporary sushi da un'idea di due soci con la passione per l'Oriente, che, nel 2016, inaugurano il primo punto a Rubiera e oggi vantano cinque locali in Emilia. Spazi ampi, arredo minimalista, tavoli ben distanziati, con l'ordine che si inoltra con il proprio smartphone o con un tablet del locale. Buona la qualità delle materie prime, di livello le esecuzioni in cucina e l'estetica del piatto, mentre le portate escono celermente con sushi di ottima fattura rivisitati con contaminazioni dal mondo e ingredienti freschi di giornata, come il Crudo nigiri yuzu, con salmone scottato, zenzero e salsa yuzu, o il Gu-sake, con gunkan avvolto da alga yakinori, tartare di salmone e tobiko; ma anche succulenti fish burger come il Tunafried, con tonno in tempura, insalata e formaggio fresco, insieme a saporiti e gustosi oshi, temaki, wok-roll e tataki. Conveniente la "Formula Open". Dalla cantina una vasta scelta di vini, birre di produzione propria e sakè, mentre un barman pluripremiato prepara i cocktail, tra grandi classici e creativi.

MODENA
Higashi

p.tta Largo Muratori, 194

059222275 **CHIUSO** lunedì tutto il giorno

www.ristorante-higashi.it **€** 30 tutte

FUSION. Xixi Weugi è cresciuta professionalmente nel ristorante del cugino a Verona per poi trasferirsi a Modena e aprire nel 2008 Higashi con la famiglia. Tre salette (più una quarta dedicata al tatami) arredate in modo sobrio con rimandi all'Oriente, mise en place essenziale e una proposta semplice e variegata declinata in un ampio menu con immagini dal quale scegliere sushi ma anche sashimi, chirashi e maki, vera specialità della casa con quasi quaranta varianti, dal polpo al salmone, dal tonno alla capasanta, fino alle fragole e al passion fruit. Oltre al menu degustazione, da provare il sushi misto, che prevede il maki con salmone, avocado, sesamo, alghe; il sashimi con branzino, ricciola, polpo e gamberi al vapore. Ma dalla cucina escono anche fumanti tempure di verdure e gamberi, gustosi udon (spaghetti di grano tenero) e kake soba ("tagliolini" di grano saraceno in brodo). Servizio solerte e gentile. Carta dei vini con alcune interessanti eccellenze e una cinquantina tra bollicine, vini fermi e sakè.

Iko

via B. Paganelli, 30

059312538 **CHIUSO** lunedì

www.ikosushi.it **€** 30 CSi, DC, Visa, MC, POS

FUSION. Nato nel 2009, questo locale è il frutto dell'intuizione della proprietaria, che con il marito chef ha iniziato con una rosticceria negli anni '90 per poi aprire Iko prima a Sassuolo, in seguito anche a Modena e Bologna. Lo stile è nipponico, arredi nei toni del verde e del bianco, al centro della sala il nastro kaiten su cui scorrono piccoli e appetitosi piatti della tradizione da consumare sulla lunga mensola, ai tavolini e nelle aree riservate. Una cucina prettamente giapponese che svela grande cura nella scelta degli ingredienti, nella preparazione e nell'estetica, a cui si affiancano proposte brasil sushi, vegetariane, vegane e gluten free. Notevole varietà di uramaki, hosomaki e sashimi, tra le specialità i nigiri di orata, polpo, branzino, salmone, ma anche l'Hokkigai tartar (tartare di capesante), l'ottimo Maguro tataki, i golosi Niku gyoza teppanyaki (ravioli alla griglia) e Yaki meshi kani thai (riso con granchio e salsa piccante). Tra i dolci da non perdere il sushi dessert, il gelato alla piastra e la tempura di frutta.

Kokoro

via Emilia Ovest, 676

059828299 **CHIUSO** lunedì

www.kokoromodena.it € 30 tutte

ASIATICO. La parola giapponese "Kokoro" si traduce con "fatto con il cuore", ed è quello che si percepisce nel vedere i maestri sushi all'opera nella cucina a vista, dove l'head chef Sun Xian ispira specialità nipponiche e cinesi. Il locale, d'atmosfera e con pregiati elementi d'arredo, si sviluppa su più sale: un privé, l'area kaiten, le sale cantina e il dehors. La carta è ampia e stuzzicante (anche formule all you can eat), non mancano sashimi, hosomaki, uramaki, tataki, ma anche oshizushi, chirashi, piatti caldi e pokè; svariate le opzioni vegane e vegetariane. L'esperienza inizia con i nigiri al salmone scottato, all'avocado, al gambero rosso e ai deliziosi gamberi in tempura. Prosegue con le succulenze ben equilibrate del maki fritto con salmone, fragola e formaggio cremoso o con il sashimi misto (salmone, tonno, branzino e gamberi rossi). Piccola cantina con etichette nazionali.

Vicolo 8

v.lo Forni, 8

3511699318 **CHIUSO** domenica tutto il giorno

www.gruppo8.com € 40 tutte

FUSION. Le opere degli artisti Roselli, Sferruzza, Polymia e pregiati pezzi vintage conferiscono all'elegante bistrot fusion, a pochi passi dalla Ghirlandina, un'atmosfera contemporanea. Dopo due anni dall'apertura e l'ottimo lavoro fatto da Maurizio e Soraya, la conduzione passa ora nelle mani di Stefano Brandoli, in forza fin dai primi tempi, a suo agio in sala come ai fornelli, dopo gli studi ad Alma e le collaborazioni con Enrico Crippa e Marcello Leoni. Una cucina che strizza l'occhio al Giappone, con prodotti ittici di alta qualità che arrivano dalla Puglia o dal mar di Sardegna insieme a eccellenti ingredienti modenesi. La carta, ampia e appagante, esprime tecnica e creatività senza porsi steccati di sorta, dalle interpretazioni del sushi al pollo karaage, ma anche con ostriche, crocchette di baccalà e acciughe del Cantabrico, tutto preparato a vista (ci sono pure quotidiani fuori menu, come i deliziosi tortellini di gambero). Da non perdere il maki con salmone norvegese, avocado, salsa ponzu; l'ottimo hosomaki con gamberi, pistacchio, maionese all'arancia; i gustosi e succulenti uramaki con maionese al whisky Lagavulin 16y, lamponi e cipolla di Tropea in agrodolce. Servizio familiare e attento, carta dei vini con un centinaio di buone etichette italiane e francesi; animazione culturale è a cura di Federico Tassoni.

MODENA
Zushi

via Emilia, 770

0592706669 **CHIUSO** domenica a pranzo

www.zushi.eu **€** 30 tutte

FUSION. Accanto al Museo di auto storiche Stanguellini, un locale aperto nel 2011 dall'imprenditore veronese Cristiano Gaifa, ideatore della catena. L'ingresso al pian terreno accoglie l'ospite con drink e aperitivi di ottima fattura, al primo piano la cucina a vista e la sala, arredata in stile minimal, suddivisa in area green, privé american e zona tatami. Il personale competente spiega l'esteso menu con padronanza, oggettistica di pregio e piatti dallo spiccato senso estetico sono preparati a vista, a base di pesce fresco e materie prime italiane che arrivano quotidianamente. Ricco il menu che segnala allergeni e calorie (con proposte senza glutine), sfiziosi i nigiri, il sashimi, i maki; da non perdere il Manga bignè, deliziosa tartare di salmone norvegese, mango, mayo, mandorle, salsa teriyaki, e l'Ebi bignè, con mazzancolla tropicale cotta, mayo, zucchina, erba cipollina e tobiko. Carta dei vini con proposte interessanti; efficace il delivery gestito interamente con materiali riciclabili.

PARMA
Koi

v.le Mentana, 8c

0521503015 **CHIUSO** lunedì a pranzo

www.ristorantegiapponesekoi.com **€** 35 tutte

GIAPPONESE. Un ambiente elegante e minimal, articolato in una sala centrale, due salette e una zona con piccoli ambienti dedicati a cene intime, fanno da cornice a una cucina volta a riproporre l'autentica tradizione culinaria giapponese, valorizzata da una materia prima fresca e di qualità. La bontà del pesce e la cura nei tagli si apprezza subito nei sashimi di tonno e salmone, ma è una vera delizia anche il gamberone rosso di Mazara del Vallo, così come il nigiri di branzino, di polpo e di anguilla affumicata. Da provare anche il gunkan con uova di pesce volante o con astice e avocado; intriganti alternative quelli con tartufo, uova di quaglia e salmone o con ricciola, scampo e tobiko. Tra gli special roll particolarmente ricchi gli Yasai ebi roll (con zucchine, avocado, gambero rosso di Mazara, capesante e tartufo) e i Foagura roll, gamberone in tempura con fette di avocado e foie gras al Cognac. Completano la piacevole esperienza il garbo e la professionalità del personale.

PIACENZA

Sosushi Plus

c.so Vittorio Emanuele II, 229

3393193687 **CHIUSO** lunedì; aperto solo la sera escl. venerdì e sabato www.sosushiplus.it € 40 tutte

GIAPPONESE. Uno staff appassionato, focalizzato sull'obiettivo della qualità della cucina e della genuinità dell'esperienza proposta (anche grazie allo chef giapponese Takaaki Yokoyama), ha dato vita circa dieci anni fa a questo valido ristorante di sushi. L'ambiente, dai toni chiari, è curato e accogliente. Dalla carta una sfilza di proposte che sono una garanzia. Tra i nigiri ha una bella verve il Barbecue, una scelta tra tonno, salmone, gambero, seppia e orata fiammati con salsa di soia. Ma anche i classici evidenziano la freschezza del pesce così come la tecnica precisa nel taglio. Sfiziosi, tra i futomaki, il Cocktail (carta di soia arancione, gambero, salsa cocktail e insalata) o il Capri, una divertente versione italiana di uramaki con mozzarella, basilico e pomodoro fresco.
Si bevono vini italiani e stranieri, birre giapponesi e si può concludere il pasto con un'interessante selezione di sakè.

RAVENNA

Hobo Restaurant

via R. Gardini, 9

05441670024 **CHIUSO** sempre aperto la sera escl. venerdì, sabato e domenica www.hoborestaurant.com
€ 35 CSi, DC, Visa, MC, POS

GIAPPONESE. Una selezione di materie prime fresche, ove possibile locali, oppure di provenienza certificata, è alla base delle preparazioni di Hobo. Il resto lo fanno la lunga esperienza in campo e l'attenzione all'estetica e al dettaglio. Davvero ampia la scelta, forse troppo, tra classici e rivisitazioni. I puristi apprezzeranno sashimi e nigiri - con tonno, con salmone, con branzino e anche con gambero cotto - così come le tartare e i carpacci. Ma si apprezzano anche i temaki (da provare con gambero fritto e salsa teriyaki, o con salmone, salsa piccante e cetriolo), o gli uramaki con riso bianco o nero, dai vari ripieni. Si chiude in dolcezza con sfiziosi "frushi" fruit, maki con foglia di soia, ripieno di frutta e panna, oppure ripieni di crema di gianduia, panna e fragole. Da bere vini e bollicine italiane ed estere, più birre giapponesi e una birra artigianale di produzione propria.

RIMINI

SanSui

via Coletti, 93/a

0541081749 **CHIUSO** domenica; aperto solo la sera

www.san-sui.it € 40 CSi, DC, Visa, MC, POS

GIAPPONESE. Il viaggio in oriente comincia nel meraviglioso giardino giapponese che circonda gli spazi interni - già ben visibili dalle vetrate - articolati in varie sale che fedelmente ricostruiscono le ambientazioni nipponiche in tutti gli elementi architettonici. Ma la vera esperienza la si fa attraverso una cucina frutto di conoscenza profonda della cultura gastronomica di origine e di una materia prima di grande livello. Dal menu vorreste prendere tutto - e potrete, grazie ai tre menu degustazione Sushi Experience, Washoku Experience per assaggiare i piatti caldi della cucina giapponese e Full Experience per un percorso completo. Deliziosi e freschissimi i sashimi, le tartare e naturalmente i nigiri, ove spicca la qualità del tonno, del salmone Sockeye, del branzino, della ricciola, o dei gamberi rossi di Mazara del Vallo. Tra gli uramaki consigliamo l'Unagi, con anguilla grigliata, salsa unagi e avocado, ma anche gli Spicy Tekka e Spicy Hake con salsa piccante e cetriolo. Bella selezione di tè verdi, sakè e birre giapponesi, vini e bollicine italiani ed esteri. Servizio gentile e professionale.

TOSCANA

AREZZO

Saffron

p.zza di Sant'Agostino, 16

05751824560 **CHIUSO** lunedì tutto il giorno
€ 45 CSi, DC, Visa, MC, POS

FUSION. In pieno centro storico, un locale dalle ampie vetrate, caratterizzato dall'eleganza degli arredi e dall'equilibrio negli spazi. Il conviviale tavolo centrale in legno è affiancato da intime nicchie, divanetti e cuscini. Il menu evidenzia un'accurata selezione delle materie prime, in cui il pesce, accompagnato da crostacei e molluschi, la fa da padrone. Ampia la parte in carta dedicata a sushi e sashimi, nei quali al palato si percepisce la qualità degli ingredienti con qualche squilibrio, però, nelle dimensioni e nelle proporzioni. Nigiri e roll sono rivisitati anche in chiave spicy, deep-fried e gourmet, con contaminazioni tra ispirazione nipponica e ingredienti mediterranei, come pomodori secchi, formaggio e capperi. Nella proposta spiccano i crudi, con tartare di tonno, carpacci di gamberi, scampi e ostriche, oltre a una selezione di piatti fusion: dal panino al vapore con trippe di baccalà agli spaghetti alla carbonara di riccio di mare. Ben assortita la carta dei vini, bianchi e bollicine, con etichette importanti, italiane ed estere, anche al calice. Servizio adeguato.

CAPANNORI [LU]

Serendepico

via della Chiesa di Gragnano, 36

3664159677 **CHIUSO** martedì; in estate sempre aperto solo la sera; domenica aperto a pranzo e cena
www.serendepico.it € 50 tutte

FUSION. Un'accogliente cascina di campagna è il regno dello chef Masaki Kuroda. Che con grande originalità ha saputo fondere la tradizione culinaria del suo Giappone, con i prodotti e le ricette di cui è ricco il territorio circostante. Oltre agli originali e ben riusciti piatti fusion, una parte del menu è dedicata al sushi (normalmente proposto il giovedì ma in questo periodo disponibile tutti i giorni nella versione delivery). Con la stessa qualità nella scelta delle materie prime assieme alla cura maniacale nella preparazione dunque, sashimi e uramaki (di dentice, gamberi rossi, tonno o veggie); ma sono da provare anche il natto con tartare di tonno - soia fermentata, alga nori, tonno e condimenti - o, perché no, le alternative a base di manzo crudo, come il gyu-sashi, sashimi di manzo e le sue salse, o il natto con battuta di manzo, soia fermentata, alga nori. Si beve attingendo a una proposta ben ragionata e interessante. Personale attento e professionale.

FIRENZE

Aji Tei

v.le S. Lavagnini, 20a

055476100 **CHIUSO** lunedì tutto il giorno

www.aji-tei.it € 25 tutte

GIAPPONESE. Il colpo d'occhio iniziale, entrando in questo locale, è di grande suggestione. Il legno sagomato del soffitto e delle pareti rimanda al movimento delle onde e ha anche lo scopo di attutire rumori e vocìo. La presenza dell'acqua, nella fontana dello spazio esterno e nelle cascatelle, contribuisce a creare un ambiente adatto a favorire il piacere del cibo, da godere prima di tutto con gli occhi. Tutte le specialità della cucina tradizionale giapponese si possono assaporare con la formula all you can eat: dal sushi al sashimi, passando per i richiestissimi roll, soprattutto quelli al tartufo e pistacchi, o ancora gli uramaki insaporiti con funghi o asparagi. Buona la tempura, gustosi gli udon, la pasta preparata con farina di grano tenero, e i gyoza, ravioli di carne. Ricca la carta dei dolci, tra cui primeggia il tiramisù al tè verde, perfetta sintesi tra le tradizioni culinarie nostrane e quelle del Sol Levante.

Il Cuore

via Romana, 123r

055220156 **CHIUSO** lunedì e martedì; aperto solo la sera escl. sabato e domenica www.ristoranteilcuore.it

€ 40 AE, CSi, Visa, MC, POS

GIAPPONESE. Un ristorante autenticamente giapponese, anche nel personale di sala e cucina. Ambienti articolati e accoglienti per assaporare al meglio i piatti della tradizione, tra cui, da qualche anno, ha assunto un ruolo importante anche il sushi, che, seguendo i garbati consigli del sommelier, può essere abbinato con l'alcolico più adatto. In questo locale viene preparato nella sua forma più antica il temaki, con gli ingredienti base, riso con pesce crudo, tempura o verdure, che vengono avvolti a mo' di cono nell'alga nori, che dona croccantezza. E ancora sashimi, bara chirashi (simile al chirashi ma con il pesce crudo tagliato a cubetti, nella versione special pure con ricci di mare), piatti caldi come pollo fritto (marinato nel Chianti), kakuni (pancetta in agrodolce), udon in brodo con porri e spezzatino di tendine di manzo. Tra i dolci torta di cotone e panna cotta al latte di soia e tè hoji. Ottima proposta di sakè, poi birre giapponesi, umeshi, shochu e una ristretta carta di vini.

FIRENZE

Hoseki

via Il Prato, 64r

055282012 **CHIUSO** sabato e domenica a pranzo
www.hosekifirenze.com **€** 45 tutte

GIAPPONESE. L'ambiente, curato e di atmosfera, è lo sfondo perfetto per questo ristorante in cui i sapori della tradizione si affiancano a rivisitazioni ben pensate e riuscite negli accostamenti. Ampia l'offerta sul versante sashimi (branzino, orata, sgombro, calamaro, polpo, gambero, salmone, tonno), nigiri e uramaki, tra cui segnaliamo lo Yellow roll (con gamberone in tempura e copertura di avocado, tartare di salmone speziato e pasta kataifi) o lo Tsunami roll (sfoglia di soia con riso, salmone e avocado, copertura di salmone, guacamole, tartara di salmone e salsa piccante). Ci sono pure gunkan, temaki, i tipici onigiri e altre specialità come l'okonomiyaki. Buone le zuppe, oltre a quella di miso se ne possono gustare altre a base di salmone o molluschi, gustosi gli ebi gyoza, ravioli di gamberi al vapore, leggera e croccante la tempura. Per accompagnare, ottimo tè (da scegliere tra alcune varietà) o birra giapponese. Per il delivery si può ordinare anche tramite la app del locale.

Ieie da Toshi

b.go Pinti, 25r

3387653069 **CHIUSO** lunedì a pranzo e domenica tutto il giorno **€** 30 tutte

GIAPPONESE. Questo è il regno di Toshifumi Mitsubiki, che dopo aver maturato una forte esperienza in cucina alla guida della trattoria Accadì, di chiara impronta toscana, una ventina di anni fa aprì anche un minuscolo locale per introdurre a Firenze i sapori della cucina giapponese tradizionale, con un occhio di riguardo per il sushi. La cifra distintiva della cucina di Toshi è il tentativo (ben riuscito) di far convivere il gusto toscano con quello nipponico, come avviene con il lampredotto don, fusione tra kaisen don e lampredotto, che troviamo insieme a una lista (corta) di proposte classicissime e fatte a mestiere come sashimi (di salmone, tonno, orata o branzino), nigiri, futomaki, karaage, nanbanzuke, kaisen don, okonomiyaki, zuppa di miso. Ambiente semplice e familiare, essenziale, ci si apparecchia da soli.

Koko

p.zza F. Ferrucci, 4

0556587428 **CHIUSO** sempre aperto

www.kokorestaurant.it € 35 tutte

GIAPPONESE. La cultura gastronomica giapponese trova qui una degna celebrazione grazie a un ampio ventaglio di preparazioni, realizzate a vista, che ne offrono uno spaccato piuttosto esaustivo. Tra gli antipasti (kobachi) sfiziosi gli harumaki (involtini fritti, con verdure o gamberi e asparagi) e i gyoza. Nella lunga carta pure carpacci, tataki, riso e pasta saltata, una buona scelta sul fronte nigiri (tra le opzioni polpo, anguilla, capasanta, vongole giapponesi, gambero rosso crudo), gunkan (interessante quello con riccio di mare), sashimi, temaki, uramaki, maki fritti e hosomaki. Completano il quadro tempura, zuppe, carne e pesce alla piastra e chirashi (con pesce o anche pollo in salsa teriyaki). Tutto è presentato con dovizia di particolari dal personale di sala (molto cortese) e con una correttezza formale molto curata, perfettamente abbinata all'eleganza dell'ambiente dagli arredi minimal. L'insieme ha sancito un successo che dura da ormai più di dieci anni.

Kome

via de' Benci, 41R

0552008009 **CHIUSO** sempre aperto

komefirenze.it € 40 tutte

GIAPPONESE. Uno dei primi esempi di cucina nipponica di qualità proposta nel capoluogo toscano. Un elegante ristorante che occupa gli spazi di un antico palazzo fiorentino del '700 a pochi passi da Santa Croce, articolato su tre livelli per diversi modi di gustare i sapori d'Oriente. Partendo dal più basso troviamo l'Izakaya, ambienti raccolti per eventi privati; al piano terra c'è il kaiten, con i piatti preparati in diretta; al primo piano infine il barbecue. La scelta varia a pranzo e a cena e si articola in menu degustazione e alla carta. Oltre a zuppe di miso ed edamane, ai gyoza, alle tempura miste, domina ovviamente la scena la proposta sushi. Di qualità notevole il sashimi, i nigiri con capesante e quelli con anguilla grigliata, gli uramaki con tobiko, avocado e salmone, i gunkan con uova di salmone. Birre, vini, tè verde e sakè, ben raccontati, accompagnano degnamente i pasti. Della stessa proprietà il take away Oh Sushi (vedi scheda in appendice).

FIRENZE

Momoyama

b.go San Frediano, 10r

055291840 **CHIUSO** aperto solo la sera escl. sabato e domenica www.ristorantemomoyama.it
€ 45 AE, CSi, Visa, MC, POS

FUSION. L'arredo minimal e moderno di questo locale, sulla scena fiorentina da vent'anni, fa da cornice a una cucina improntata su materie prime selezionate sulla base della freschezza e della stagionalità dei prodotti. Accanto alle specialità della tradizione nipponica, come sashimi, inside out rolls, tempura roll, a pietanze cotte come gyoza, udon, pollo teriyaki e tori kara-age, c'è sempre una notevole offerta di piatti del giorno, riuniti sotto il nome di "cucine inventive", frutto della sperimentazione degli chef. Una cucina fusion quest'ultima che cerca di integrare ingredienti giapponesi con lavorazioni di stampo internazionale e viceversa. A pranzo la formula Noodle Bar offre una soluzione economica, rapida e abbondante. Nell'adiacente bar, cocktail, ampia scelta di birre e distillati giapponesi, carta dei sakè, 15 tipi di tè giapponesi e cinesi, ricca selezione di vini.

Mr Sushi

p.zza 1 Maggio, 5

0553436316 **CHIUSO** lunedì e martedì a pranzo
www.mrsushi.it € 40 tutte

GIAPPONESE. Aperto da tempo nei locali di un vecchio cinema alla periferia nord della città, è un luogo che ha un fascino particolare grazie alla disposizione sue due livelli degli spazi: al piano terra viene effettuato il servizio secondo i canoni classici, con tavoli apparecchiati come d'uso, mentre al primo piano c'è la suddivisione in salette con paravento a chiusura e campanello a vibrazione per il servizio. La scelta è molto variegata, con proposte adatte anche ai vegani come i nigiri con tofu fritto, da segnalare pure quelli con calamaro o uova di pesce volante. Si distinguono sul versante uramaki quelli con anguilla grigliata e con gamberoni fritti e salsa piccante. Tra le specialità, vanno per la maggiore i rolls special (fritti) con formaggio cremoso e salmone, e i maki furay, con polpo tritato, avocado, asparagi e rucola, fritti in panko. Presenti anche piatti come yaki udon, tempura soba, tataki di tonno, gyoza. Servizio cortese molto presente, carta dei vini essenziale.

Satori

via A. Pacinotti, 5r

055571312 **CHIUSO** sempre aperto

www.satorirestaurant.it € 32 AE, POS

FUSION. Un ambiente accogliente con arredi eleganti si sviluppa negli spazi di una costruzione della fine del '700. La struttura originaria, con i mattoncini rossi a vista, accoglie dettagli in un mix di stili tra cultura orientale e occidentale. La cucina pone attenzione particolare alla scelta delle materie prime e alla loro composizione, in un'idea di cucina ispirata alla classica giapponese, proposta in chiave occidentale e anche in una versione fusion di stampo nippo-brasiliano. Formule all you can eat a pranzo e cena (18 e 28 euro), in alternativa scelta alla carta. In menu oltre 100 piatti, tra antipasti, riso, noodles, ramen, piatti alla piastra (salmone, spiedini di pollo o gamberi), tempura e tonkatsu. Sashimi e nigiri fanno apprezzare la freschezza del pesce, ampia scelta sul versante maki, gli uramaki sono ben presentati e dai sapori netti (c'è pure qualche opzione vegetariana).

PISTOIA

Le Officine del Marini

p.zza della Sapienza, 9

057324393 **CHIUSO** lunedì tutto il giorno

www.leofficinedelmarini.it

€ 35 CSi, DC, Visa, MC, POS

FUSION. Nel centro di Pistoia, ma in un angolo defilato e tranquillo, questo ristorante vanta una schiera di fedelissimi in città, grazie all'ottima qualità del pesce curato nella selezione, nel taglio e nell'estetica delle presentazioni. In menu si fanno apprezzare i sashimi e i nigiri, in cui si può assaporare la freschezza del pesce, che siano con branzino, tonno, salmone e gamberi. Bene anche gli hosomaki, realizzati anche con verdure. Ci si diverte anche con le altre variazioni sul tema, come gli uramaki (ad esempio gli Alaska roll con salmone selvaggio, avocado, cetriolo e tobiko) o lo Shrimps Strawberry Roll, con tempura di gamberi, cetrioli, salsa teriyaki e fragole. Gentile e professionale il personale, che accompagna egregiamente nelle varie scelte in menu.

PONTEDERA [PI]
Kaoru

via Pisana, 98

3472697976 **CHIUSO** lunedì tutto il giorno

ristorantekaoru.onlyone-design.net

€ 35 CSi, DC, Visa, MC, POS

GIAPPONESE. Un ambiente ampio e curato, il sinuoso bancone della cucina centrale che permette di osservare in diretta il lavoro di preparazione del sushi e a coordinare il tutto l'accoglienza genuina di Kaouro, portavoce appassionata di molti aspetti della cultura nipponica, come la cerimonia del tè e la danza tradizionale. Il pesce è fresco e ben selezionato e questo vale sia per le specie locali che per prodotti che vengono da più lontano. Buoni dunque i nigiri e i sashimi - di orata, salmone, capesante, calamaro crudo - e poi non mancano proposte che coniugano il crudo e il cotto, come il Mekajiki No Kunsei, pesce spada affumicato. Stessa qualità e pulizia di sapori nei maki, con salmone, uova di pesce volante, tonno o verdure. A latere croccanti tempure, concludendo con dolci tradizionali giapponesi. In abbinamento una piccola carta di vini e birre e alcolici nipponici.

PRATO
Il Dek Italian Bistrot

p.zza Santa Maria delle Carceri, 1

0574475476 **CHIUSO** sempre aperto

www.decanteristorante.it

€ 30 CSi, DC, Visa, MC, POS

FUSION. Il patron Francesco Succi ha messo a punto per questo moderno locale nel cuore di Prato una proposta articolata e ricca di possibilità. L'ampio ventaglio prevede menu di mare e terra, hamburger, pizze gourmet, poi cocktail bar, pasticceria e una bottega del pesce con pescato freschissimo dal Mediterraneo e Nord Atlantico, lo stesso utilizzato in cucina. Un quadro che potrebbe apparire quasi eccessivo, ma tutto è accomunato da una grande qualità legata alla selezione e uso consapevole di ottime materie prime. Parte dell'offerta - squisita e pregevole per preparazioni e presentazioni - è dedicata al sushi. Ecco allora sashimi e nigiri di salmone, tonno e pesce bianco; buoni gli uramaki, come il Lobster roll, con astice, pomodoro concassé, maionese, avocado e pasta kataifi, l'Arcobaleno, con cetriolo, avocado, rucola, salmone, tonno e maionese, o il California, con granchio, salmone, avocado e maionese. Valide pure tartare e tempura. Grande carta dei vini, ricca di bollicine e vini fermi d'Oltralpe.

Moi

v.le Piave, 10

0574065595 **CHIUSO** domenica; aperto solo la sera

www.moiprato.it € 60 tutte

GIAPPONESE. Francesco Preite ha trascorso i primi due anni della sua lunga permanenza in Giappone soltanto ad osservare il proprio "Shokunin" e a svolgere mansioni di lavapiatti o pulizia. Poi ha imparato la tecnica di cottura del riso, e solo dopo quattro anni l'arte del taglio del pesce e della composizione dei piatti. Tornato a Prato ha messo a frutto l'apprendistato aprendo un primo locale e quindi quello attuale vicino al Castello dell'Imperatore. La formula con cui ci si approccia grazie a lui alla cultura gastronomica del Sol Levante è quella Omakase ("mi fido di te"): niente menu "à la carte" ma un degustazione composto da una vasta selezione di ottimi nigiri, uramaki e hosomaki che variano giornalmente in base a mercato, stagione, creatività. Il locale, curato ed essenziale, è aperto solo a cena in un turno unico alle 21. Si mangia seduti al bancone godendosi lo spettacolo di Francesco che cucina, tutto arricchito da spiegazioni e descrizioni che, oltre a mostrare la sua estrema passione e competenza, fanno volare direttamente in Giappone. Nel momento in cui andiamo in stampa il locale è aperto solo per i servizi di asporto e delivery.

SIENA

SushiBar

via D.Beccafumi, 10

057741128 **CHIUSO** lunedì

www.sushibarsiena.it € 35 tutte

GIAPPONESE. Nei pressi di porta Ovile, una destinazione sicura per gli amanti del sushi - con seconda sede centralissima in via Pantaneto, 39 (a pochi passi da piazza del Campo). Il comun denominatore per tutti i piatti è la qualità della materie prime e l'esperienza maturata in anni di attività. Secondo disponibilità potete apprezzare la freschezza del pesce nei nigiri di gambero rosso di Sicilia, tonno e bottarga, branzino, gambero crudo e riccio e ancora anguilla marinata. Ma anche hosomaki e temaki rappresentano delle ottime alternative; tra questi ultimi valido il Tomago, con salmone, tonno, mango, cipollotto e uova di salmone. Bene anche gli uramaki, tra cui segnaliamo il Brazil con all'esterno il salmone e all'interno avocado, formaggio fresco e tabasco, più una sfiziosa selezione veggie (come pomodori secchi, capperi e formaggio fresco o peperoni in tempura, formaggio fresco e salsa teriyaki). I piatti misti sono l'ideale per fare più assaggi, per un percorso di più articolato si può optare per il menu degustazione.

MARCHE

ASCOLI PICENO

Japão

via A. Ceci, 16

3271687310 **CHIUSO** sempre aperto solo la sera escl. sabato e domenica www.japaoascoli.it

€ 30 AE, CSi, Visa, MC, POS

NIPPO-BRASILIANO. In pieno centro storico, a pochi passi dal sontuoso Chiostro di San Francesco, questo locale fa della commistione tra stili, culture e sapori provenienti da luoghi diversi il suo punto di forza. Gli arredi sono moderni, dominati da materiali naturali arricchiti da tocchi di colori dati da fiori e piante. La sala è piccola ma ben ordinata con tavoli quadrati che disegnano una scacchiera precisa. Il menu ruota intorno a sushi, piatti fusion con echi brasiliani e una proposta di cocktail originali. Le materie prime sono stagionali, numerose le variazioni e i fuori lista interessanti. Da assaggiare i classici futomaki con salmone o tonno e avocado, dalla forma tondeggiante e proporzionata, composti con gusto ed armonia. Non mancano i California roll con polpa di granchio e cetriolo e nigiri dai sapori corretti ed equilibrati. Apprezzabile la carta vini, quella dei cocktail e dei sakè artigianali. Il servizio è giovane e cordiale.

CIVITANOVA MARCHE [MC]

Maylea

v.le G. Matteotti, 204

0733814696 **CHIUSO** lunedì tutto il giorno

€ 30 CSi, Visa, MC, POS

GIAPPONESE. Il bancone con cucina a vista è il cuore di questo piccolo locale nel quale si respira aria di Giappone autentico. La cultura e la passione per la cucina nipponica sono evidenti dal rispetto delle preparazioni (dai nomi, alle composizioni, alla forma) e alla selezione di materie prime di qualità importate direttamente dal Giappone. I tavoli sono piccoli e ben ordinati a scacchiera, il servizio è cordiale e giovane, disponibile a spiegare piatti e tradizioni di casa. L'offerta ruota intorno a sushi e a graziose bento box, con l'aggiunta di piatti eseguiti in maniera corretta. La varietà del pesce è ampia, così come le proposte di nigiri: salmone, tonno, sgombro, sardina, seppia. Gli hosomaki hanno una forma armonica, con l'alga ad avvolgere il bocconcino di riso nelle dimensioni corrette per gustare il tutto in un boccone. Il sapore del pesce è gradevole anche negli uramaki che si presentano in ricette più creative, come il Love Sicily con gambero rosso, insalata, lime, pepe, avocado, ikura. Gli amanti del ramen qui ne trovano un esempio felice. Tempura, gyoza e altri classici non mancano all'appello.

CIVITANOVA MARCHE [MC]

Sakatò

via L. Einaudi, 256

0733717039 **CHIUSO** sempre aperto solo la sera
www.sakato.it € 35 tutte

FUSION. Il locale di grande impatto scenografico è la porta verso un viaggio sensoriale e gustativo all'insegna della qualità del pescato proveniente dal Mar Adriatico o da altri luoghi di pregio (il salmone da Norvegia o isole Faroe, i gamberi di Mazara) con un intrigante tocco fusion. Ne sono prova ad esempio il Nippo Ceviche (ricciola, spigola e salmone marinati al lime con coriandolo e alga wakame), ma anche la Hotate Su (capasanta marinata al lime con sale nero delle Hawaii e shiso). I sashimi - di spigola dell'Adriatico, capasanta canadese, tonno Bluefin - sono una gioia per il palato, così come i nigiri, che si articolano nei classici, più sfiziose variazioni come quello con tonno e tartufo nero pregiato o con ricciola e bottarga. Ancora pesce con i poke, tra cui citiamo quello con riso, edamame, alga wakame, daikon, tonno, salsa al mango o quello con spigola, riso, alga wakame, edamame, daikon, maionese, soia e tonkotsu. Ampia la scelta dei vini e delle bollicine, con etichette italiane anche dal resto del mondo.

FABRIANO [AN]

Deba Sushi

via V. Gioberti, 14

3889359059 **CHIUSO** sempre aperto solo la sera
€ 25 CSi, Visa, MC, POS

FUSION. Nel cuore della bellissima Fabriano un ambiente curato e accogliente fa da cornice ad una valida proposta a base di materie prime di qualità. Si fa apprezzare subito la cura impiegata nei tagli nel sashimi (di tonno, salmone, branzino), così come nelle tartare, anche di gambero rosso e su ordinazione di manzo Wagyu, e nei nigiri, che oltre alle opzioni sopraelencate propongono le versioni flambate. Buoni hosomaki e futomaki, declinati in fantasiose proposte che includono contaminazioni con prodotti nostrani, come nel Trufflemaki, con strapazzata di tartufo, salmone, zucchine alla julienne, oppure nel Blowmaki, con pomodorino secco, tonno, pancetta, gambero in tempura, stracciatella di burrata e cipolla fritta. Intriganti anche gli uramaki, sia nelle versioni classiche che special. Minuta la proposta dei vini con qualche birra giapponese e il sakè.

GABICCE MARE [PU]

Noi Sushi Osteria Giapponese

via della Repubblica, 21

0541412445 **CHIUSO** sempre aperto solo la sera escl. domenica www.noisushi.it € 30 tutte

GIAPPONESE. L'ambientazione del ristorante è una ricostruzione fedele di un'osteria giapponese della Kyoto anni '30 del secolo scorso. Ad accoglervi e ad affabularvi ci sarà Riccardo, patron del locale e squisito padrone di casa. Poi saranno i piatti a parlare, la qualità delle materie prime, la maestria nei tagli e negli abbinamenti. Ne sono esempio i deliziosi sashimi (secondo disponibilità di tonno, ricciola, ombrina, salmone selvaggio neozelandese, canocchia, cuore di scampi, capasanta e gambero rosso), ma lo stesso vale per i nigiri, per hosomaki e deliziose ciotole chirashi. Sugli uramaki si spazia con la fantasia e le contaminazioni. Qualche esempio: gli Italy con tonno, salmone, pomodorini, il vegetariano Bambita con insalata di germoglio di bambù trifolato, guacamole e funkake, il Fruits, fantasia dello chef con pesce e frutta, l'Okinawa con gambero in tempura, avocado, salmone, arancio, menta e sichimi. Ampia scelta di piatti caldi dalla cucina. Si bevono birre giapponesi, una valida selezione di tè verdi e i sakè. Anche a Rimini.

PESARO

Hiro10

p.zza Antaldi, 12

072134209 **CHIUSO** lunedì, martedì e domenica
€ 30 tutte

GIAPPONESE. Vi sembrerà di fare un salto a Tokyo, sia per lo stile del locale, tra materiali naturali, canne di bambù e apparecchiatura essenziale, sia per la cucina autentica. Il bancone domina l'ambiente e permette di seguire tutte le preparazioni realizzate con estrema cura e professionalità dallo chef Kentaro Mori. La selezione delle materie prime, dal pesce alle verdure, al riso è il primo punto di partenza. Ecco perché il sashimi è sempre un piacere, così come il chirashi misto composto da diversi pesci (in base al pescato) servito con riso. I nigiri sono ben dosati, armonici nel ripieno che spazia da tonno, salmone, riccola al gambero. Tra le specialità della casa il ramen (proposto ogni giovedì) con un brodo suadente, pesci e carni di prima qualità. Gli amanti dei gyoza qui ne trovano un esempio da manuale con una sfoglia artigianale esile e una farcia equilibrata. Bene anche la cantina che spazia dalle birre giapponesi ai vini italiani senza dimenticare uno spazio ampio per il sakè. Chi ama il tè, può contare su una piccola ma accurata selezione. Servizio gentile e preparato.

PESARO
Wabi Sabi
p.le Matteotti, 3

072167510 **CHIUSO** lunedì e domenica tutto il giorno
www.wabisabipesaro.it **€** 35 CSi, Visa, MC, POS

GIAPPONESE. Qui la cucina e la cultura giapponesi sono di casa da anni. Nel centro storico della città, con affaccio sull'isola pedonale, il locale è essenziale, con arredi in legno naturale e un bancone per sedersi mentre si guarda la cucina a lavoro. Il pesce fresco qui è la regola, ecco perché ogni piatto che assaggerete avrà una marcia in più. Si parte con i nigiri - salmone, polpo nostrano, tonno, ricciola, gambero di mare - dal sapore iodato, leggermente acidulato dal buon riso. Tra i maki segnaliamo il gustoso California con salmone, avocado e sesamo. L'attenzione all'impiattamento è elevata, dalla scelta della porcellana alla composizione cromatica. In aggiunta al sushi ci sono piatti caldi come teriyaki di salmone, tempura e una suadente zuppa di miso offerta come entrée. Da bere birra giapponese, sakè e vino nazionale. Il servizio, cordiale e formato sulla cultura nipponica, è disponibile a guidarvi alle scelte migliori in base ai vostri gusti.

PORTO RECANATI [MC]
Kiro Kiro
p.zza della Marina, 35

0719799461 **CHIUSO** sempre aperto
www.kirokiro.it **€** 35 tutte

FUSION. Location mozzafiato con due sale e dehors direttamente sulla spiaggia con vista sul promontorio del Conero. Non solo sushi bar perché Kiro Kiro è anche un ristorante di pesce. Tavoli rotondi, poltroncine moderne e materiali naturali sono i tratti distintivi dell'ambiente. Il menu ruota intorno al pescato fresco, il rispetto della materia prima è alla base delle preparazioni, per questo sono apprezzabili i chirashi con pesci differenti accompagnati da riso. Corretta la forma dei nigiri e delicato il sapore, perfetti da mangiare con le bacchette e con le mani. Il riso che compone il sushi è cotto correttamente e dona un tocco di freschezza a tutte le preparazioni. Dal repertorio nipponico si passa a qualche contaminazione come l'Angel Roll (gambero in tempura, cream cheese, fragola e salsa teriyaki). Ottime alternative i piatti classici della cucina italiana di mare e poke in stile hawaiano con accostamenti creativi e gustosi. Vini, cocktail e birra artigianale completano l'offerta. Servizio cordiale e corretto nei tempi. Menu per asporto e delivery ben studiato per la tutelare la gradevolezza dei piatti proposti.

PORTO SAN GIORGIO [FM]
Figaro
l.mare Gramsci, Conc. 42

0734677708 **CHIUSO** sempre aperto solo la sera escl. sabato e domenica; da giugno a agosto sempre aperto
www.ristorantefigaro.it **€** 35 tutte

GIAPPONESE. Direttamente sulla spiaggia di Porto San Giorgio e ad un passo dal mare, Figaro è stato tra i primi a credere nelle potenzialità della cucina giapponese di qualità e oggi vanta un'affezionata clientela. Lo stile del locale è classico e non ha particolari suggestioni nipponiche, sebbene la cucina sia molto vicina nei sapori e nei piatti alla tradizione del Sol Levante. Il menu è ampio e spazia dal sushi, a piatti caldi della cucina giapponese fino a classici italiani. Da assaggiare i nigiri (tonno, salmone, gambero del mediterraneo, polpo, granchio, capasanta) ben assortiti con una forma allungata e armoniosa ricoperta di filetti di pesce dal taglio preciso. La qualità del pesce impiegato è evidente nel sashimi che mantiene sapore e succulenza del pescato. I maki si presentano ben composti e hanno un sapore naturale e delicato. A completare l'offerta anche tempure croccanti, udon (anche vegetariani) e saporiti yakitori. Servizio cordiale e corretto nei tempi, sempre pronto a un consiglio per i meno avvezzi. Anche a Civitanova Marche.

PORTO SANT'ELPIDIO [FM]
Suchic
via C. Battisti, 10

0734010312 **CHIUSO** lunedì e martedì a pranzo
suchic.it **€** 35 CSi, Visa, MC, POS

FUSION. Eleganza e modernità convivono nell'ambiente piacevole di questo locale. Ampie vetrate, tavoli ben ordinati e un'apparecchiatura attenta sono un anticipo della cura estetica che si riserva anche alla cucina. L'offerta è incentrata sul sushi che viene proposto nei suoi formati classici. Il sashimi di tonno è fragrante e rivela la buona scelta della materia prima; i nigiri hanno una forma ben definita e sono della dimensione corretta. Gli uramaki sono dei piccoli capolavori di colori e consistenza, ai classici si affiancano creazioni come quello con granchio soft shell in tempura, tartare di salmone, avocado, mandorle, cipolla fritta, cavolo rosso e uova di pesce. Il menu si completa di pokè colorati e gustosi e di tempure croccanti e leggere. L'attenzione al design si evidenzia anche nell'immagine coordinata con menu, bag e scatole per asporto curate. Il locale, in compagnia di altre insegne in Italia, è certificato come Japanese Food Supporter dal Jetro (l'istituto nipponico per il commercio estero).

SAN BENEDETTO DEL TRONTO [AP]

Haru Sushi Garage

via Balilla, 40/b

3713833356 **CHIUSO** lunedì

€ 30 CSi, Visa, MC, POS

FUSION. Piccolo scrigno di delizie giapponesi a pochi passi dal corso principale, questo locale si sviluppa lungo un corridoio che conduce alla cucina a vista. I toni scuri e oro e le fantasie floreali dominano l'ambiente. Il sushi è una delle proposte del menu, che interpreta la cucina giapponese in chiave internazionale secondo la creatività dello chef Patrik Bateman. La qualità del pesce è riconoscibile nella succulenza del sashimi (tonno, salmone e spigola) e nel tataki. Da assaggiare i gunkan maki come il capelin: filetti di salmone avvolti intorno al riso e ripieni di uova capelin. Ben dosati e perfetti nell'armonia delle forme sono i nigiri di tonno, spigola e salmone. L'offerta si completa di piatti caldi come la croccante tempura, il filetto di merluzzo con miso essiccato e il wagyu con salsa agrodolce. Ogni piatto è impiattato con cura e armonia, reso appetibile da fiori eduli, germogli e salse artigianali. Il servizio è gentile e sempre pronto a guidarvi alla scoperta di nuovi piatti e sapori. Consigliata la prenotazione. Servizio di asporto e delivery ben organizzato.

Sasushi

via Mazzocchi, ang. v.le B. Buozzi

0735592228 **CHIUSO** sempre aperto

€ 30 CSi, Visa, MC, POS

FUSION. Nel cuore della città un gettonatissimo sushi bar con vista sulla fontana Giorgini e sulla pineta. Modernità, materiali naturali e moderni si fondono in uno stile caratterizzato dai toni scuri e oro con un'illuminazione ben studiata. Domina l'ambiente il grande bancone da cui partono servizio e cucina. Il menu è ampio ma sempre attinente alla tradizione gastronomica nipponica interpretata con materie prime di buona qualità, dal pesce, alle verdure, al riso ben cotto. Da assaggiare i nigiri (salomone e tonno), gli uramaki (con salomone, capesante, branzino e gamberi) sia tradizionali che reinterpretai in chiave italiana come il Mazara Roll con gamberi di Mazara, avocando e nocciole. Completano la proposta crudité e piatti italiani con echi fusion come gli spaghetti con le vongole, sakè e zenzero. Si bevono cocktail ben miscelati, vini locali e bollicine nazionali e francesi. Servizio efficiente (un po' rallentato nei momenti di massima affluenza). Consigliata la prenotazione. Curatissimo il packaging per il delivery con scatole belle e funzionali per conservare al meglio ogni pezzo di sushi.

SENIGALLIA [AN]

Iamaki Sushi Garden

l.mare D. Alighieri, 14

3519787373 **CHIUSO** sempre aperto solo la sera escl. sabato e domenica www.lamaki.it

€ 40 CSi, Visa, MC, POS

NIPPO-BRASILIANO. Sul lungomare di Senigallia un ambiente elegante in cui si mescolano la cucina giapponese e le influenze sudamericane. Il pesce che arriva fresco ogni giorno e si declina in sashimi e carpacci deliziosi (tra tonno, salmone, gamberi rossi, ricciola, capesante), o anche in tartare, insieme a frutta e ortaggi freschi. Poi ci sono i rolls, molto fusion, in tantissime sfiziose varietà - tra cui citiamo il Lobster, con astice gratinato, caviale, avocado e salsa speciale, il Bonito con gambero in tempura, granchio, salmone, lime, maionese, mela verde, o ancora il Sao Atun, paté di tonno, zucchine, avocado, maionese, pinoli, jalapeno. C'è una sezione dedicata al tonno e al salmone, più naturalmente i classici come il California o il gambero in tempura. Non deludono i nigiri, anche alla fiamma. Valida la selezione di piatti caldi dalla cucina. Ampia carta dei vini e delle bollicine, nazionali ed estere, birre artigianali italiane e giapponesi. Servizio attento e professionale.

Nag I Cucina Giapponese

via F.lli Bandiera, 52

07160386 **CHIUSO** lunedì, martedì e mercoledì a pranzo; in estate sempre aperto solo la sera

www.nagicucinagiapponese.it € 25 CSi, Visa, MC, POS

GIAPPONESE. Nel cuore della città un buon riferimento per gli amanti del pesce crudo in stile giapponese. Validi i sashimi (di tonno, salmone, branzino, rombo, ricciola, capasanta, polpo) declinati anche nelle ciotole chirashi. E lo stesso si può dire per i nigiri e per gli hosomaki, nel segno della classicità, come pure gli uramaki (tonno e cetriolo, salmone e avocado, salmone o tonno piccante), proposti anche con qualche contaminazione, come nel caso dei Mediterraneo, con tempura di gamberi, maionese, salmone, bottarga di muggine, rucola e olio extravergine. Dalla cucina una valida carta di piatti caldi. Si bevono vini e bollicine regionali, con alcune sortite nel resto della Penisola, birre - anche giapponesi - e sakè.

UMBRIA

FOLIGNO [PG]

Dude Sushi Bar

via Rinaldi, 9

0742770595 **CHIUSO** martedì e mercoledì; aperto solo la sera € 40 tutte

GIAPPONESE. Questo locale nel cuore della cittadina offre uno spaccato delle tradizionali specialità nipponiche, propone infatti un'offerta classica e di qualità anche se non rinuncia a qualche interessante variazione sul tema. Oltre a tempura di gamberi, tartare e chirashi (di salmone, di tonno o misto, con aggiunta di branzino, gambero rosso, scampo e capasanta), si possono gustare una serie di preparazioni valide per presentazioni e gusto, tra cui futomaki, hosomaki (buoni quelli con anguilla, cetriolo e sesamo o con tonno, avocado, riccio di mare, bottarga e sale di Maldon), uramaki (come quello con tonno, salsa spicy, tobiko rosso, erba cipollina e tartare) e nigiri (fra gli speciali da segnalare quelli con branzino e bottarga e con tonno e foglie di wasabi fresco in salamoia). Non mancano poi il sashimi, temaki, gunkan. La carta dei vini spazia dalle bollicine nostrane agli Champagne, dai rosé ai bianchi da tutto il territorio nazionale.

Edgar Sushi Bar

via A. Gramsci, 57

0742352909 **CHIUSO** sempre aperto; aperto solo la sera € 40 tutte

NIPPO-BRASILIANO. Sushi bar e uramakeria, è un curato localino dall'arredo trendy e moderno nella vivace via Gramsci. La cucina a vista riserva piacevoli sorprese, con una varietà di sushi che alterna proposte tradizionali (hosomaki, nigiri, sashimi, etc) a qualche valida alternativa fusion specialmente nei numerosi uramaki in carta (come quello con salmone flambé, avocado, tartare di fragole e mango, mandorle, formaggio spalmabile e salsa teriyaki) o il futomaki fritto con tonno, pomodorini secchi, cipolla croccante, salsa teriyaki e formaggio spalmabile. Il menu parte da sfiziose tapas come i vegan gyoza per proseguire con nigiri (da provare quello con gambero rosso di Porto Santo Spirito) e sashimi (salmone, tonno, branzino, scampi, gambero rosso, capasanta americana). Interessante poi il Gunkan Joe con salmone, lime grattugiato, capasanta, non mancano poké bowl e piatti caldi, tra cui bao e noodles di grano saraceno. Mochi in gusti vari a chiusura. Per ordinare a domicilio si può usare anche la pratica App. A Campello sul Clitunno Edgar Japanese Restaurant.

PERUGIA

Mercato ViaNova

via G. Mazzini, 15

0755730445 **CHIUSO** lunedì tutto il giorno

www.mercatovianova.it € 35 tutte

FUSION. Tra gli indirizzi più interessanti del centro storico perugino, Mercato ViaNova offre interni curati e un dehors tra i più suggestivi della città. Ristorante poliedrico, ha diverse anime: ottimo bistrot, con piatti fondati su splendide materie prime da un lato; ristorante con il sushi in primo piano, dall'altro. Anche in questo caso l'attenzione per gli ingredienti è massima, a cominciare dalla loro provenienza. I sashimi variano a seconda della disponibilità del mercato, così come molto del pesce utilizzato per le altre preparazioni. Consigliabile il chirashi, piatto unico che consiste in una ciotola di riso al vapore con sashimi di pesce crudo assortito come ombrina, gambero rosso, mazzancolle, salmone, tonno e seppie. Da provare hosomaki, nigiri, uramaki (come l'ottimo Amberjack con scampi, ricciola, limone), le tempura. Ben pensata la carta dei vini, quella dei cocktail (che rendono il locale un'idea perfetta per l'aperitivo) e di altre bevande, sempre centrate.

Il Vizio

via Corcianese, 260

0755171722 **CHIUSO** domenica; aperto solo la sera

www.ristoranteilvizio.it € 50 tutte

GIAPPONESE. Ristorante d'hotel molto curato, ancora di più dopo il restyling che ne ha valorizzato lo stile moderno e cosmopolita. Due le anime: cucina d'impronta territoriale, legata a piatti di terra e ad uso e consumo degli ospiti dell'albergo la prima; ristorante incentrato sul grande sushi la seconda. Le preparazioni si possono ammirare da una bella cucina a vista, regno dello chef Marco Gargaglia, perugino di nascita, letteralmente folgorato sulla via del Giappone. Le materie prime sono da urlo, a cominciare ovviamente dal pesce, con tonni sensazionali lavorati in casa. Il tutto seguendo la stagionalità delle specie e la massima freschezza possibile. Menzione per la distinzione, nel menu, tra il pesce pescato e quello allevato. Tra i sashimi, da non perdere quelli di pezzogna, dentice reale, gambero rosso. Da provare il nigiri con l'orata di Orbetello, i gunkan e i fantastici hosomaki (imperdibile l'anguilla). Uno meglio dell'altro i fantasiosi uramaki. Carta dei vini splendida, con bianchi e bollicine sugli scudi. Si pasteggia anche con ottimi cocktail. Previsto un raddoppio dell'insegna a Milano.

SPOLETO [PG]

Mo

via delle Lettere, 28

0743522915 **CHIUSO** sempre aperto

www.mosushi.it € 55 tutte

FUSION. Inaugurato nel 2020, questo locale è subito diventato un riferimento per chi ama le specialità giapponesi grazie a una proposta ben concepita basata su ingredienti di alto livello. L'ambiente è di grande atmosfera, il menu (che offre pure una "linea luxury" con una selezione dello chef e piatti di crudité) si snoda fra qualche antipasto, invitanti bao burger (di carne o pesce), poké bowl (da comporre a piacere), tartare e la classica varietà di sushi. Fra le specialità, da provare il sashimi di ventresca di tonno e gli uramaki con gambero rosso in tempura e avocado e fuori ricciola scottata, tartare di gambero rosso marinato agli agrumi e salsa jalapeño, o con capasanta flambé, avocado e pomodorino semi-dry, sopra tartare di salmone e mandorle tostate. Piacevoli sorprese anche fra i gunkan e l'oshi (ottimo con spigola scottata, tartare di gambero rosso e ananas) o ancora nel Crispy rice, sfiziosa preparazione a base di riso fritto con salmone o tonno, teriyaki e mo-mayo. Carta dei vini con bollicine ed etichette nazionali.

Samurai

v.le Trento e Trieste, 126

0743223716 **CHIUSO** lunedì; aperto solo la sera

€ 50 tutte

GIAPPONESE. Sul viale della stazione ferroviaria, un ristorante giapponese in piena regola sia sul fronte delle tecniche che su quello delle proposte in carta. Le materie prime sono ben selezionate, la ricca e sfiziosa varietà di sushi affianca una solida visione della tradizione a specialità dello chef (come il futomaki con ricciola, frutti rossi, tonno e mandorle tostate). Gli uramaki, ottimi per ingredienti e fattura, sono presenti in varie tipologie (consigliato quello con branzino, pistacchio e arancio), così come gli hosomaki (da provare quello con astice cotto) e i nigiri (anche con capasanta o frittata). Completano la lista tartare, sashimi, tempura di verdure o gamberi, temaki, gunkan, qualche piatto caldo (bifun, spaghetti giapponesi, e yakimeshi, riso fritto) e i menu "combinati" proposti dalla cucina (in versione media, piccola o grande). Discreta la scelta dei vini in carta. Prezzi in linea con la qualità dell'offerta.

LAZIO

COLLEFERRO [RM]

Sushi Duepuntozero

via Casilina, 36

069770304 **CHIUSO** domenica, lunedì e martedì

sushiduepuntozero.it € 35 CSi, Visa, MC, POS

GIAPPONESE. A una quarantina di chilometri a sud della capitale, a pochi passi dal casello autostradale, si trova questo piccolissimo angolo di Giappone, nel quale il principio del less is more viene applicato con rigore e intelligenza. Un locale minuto, curato nei dettagli dove a farla da protagonista è il bancone refrigerato, dove vengono sistemati, con cura e una particolare attenzione per l'igiene e la pulizia, le varie articolazioni del sushi preparate dalla cucina con pesce freschissimo. I cartelloni sopra le pareti raccontano un menu vasto, ma non sterminato, in cui, insieme ai must della cucina del Sol Levante, consigliamo di provare anche la tempura di verdure e gamberi, gli yakisoba noodles e il cirashi di pollo marinato in tempura, del quale è disponibile anche una altrettanto golosa versione vegetariana, con tempura di verdure. Sempre attivi i servizi di asporto e delivery che copre anche i comuni circostanti.

FROSINONE

Umami Fusion Flavour

via M. Minghetti

3802903852 **CHIUSO** domenica

umamifusionflavour.com € 40 CSi, Visa, MC, POS

FUSION. Atmosfere industriali con grandi vetrate caratterizzano questo valido approdo per i sushi lovers. L'approccio alla materia prima è rispettoso delle ricette originali, con qualche incursione fusion, attento all'estetica delle presentazioni, volto a offrire un'esperienza gustativa di livello. Tra i sushi con alga soddisfano a pieno gli hosomaki - con tonno rosso, salmone, gamberi, oppure in un fantasioso mix - così come i gunkan. Saranno soddisfatti anche i puristi del sashimi a suon di ricciola, orata, spigola, tonno rosso. Intriganti anche gli uramaki, tra cui citiamo il Voka Tuna roll, con tonno, avocado, patata fritta, maionese giapponese e zest di lime, e il Kataifi Gabe Roll, con gamberi in tempura, avocado, maionese giapponese, pasta kataifi e salsa teriyaki. C'è spazio anche per un mochi (con passion fruit o cioccolato, ad esempio) per chiudere in dolcezza. Intelligente carta dei vini con referenze che valorizzano la regione e la Penisola, e incursioni internazionali.

ROMA

Elements

via Palermo, 65

0669459814 **CHIUSO** lunedì

elementsroma.it € 50 AE, CSi, DC, Visa, MC, POS

FUSION. Interessante indirizzo di cucina contemporanea giapponese dal tocco internazionale e ricercato a pochi passi da via Veneto. Il locale è raffinato e intimo, con arredi minimal. Lo chef Gilberto da Silva offre un'interpretazione sofisticata del sushi, incontrando i favori di chi ama le variazioni sul tema. Materie prime di livello, provenienti da tutto il mondo (la ricciola è del Pacifico, il gambero di Mazara del Vallo, il branzino delle Canarie) entrano nelle preparazioni. Perfettamente eseguiti i nigiri, deliziosi, a partire dal riso. Ottimo il taglio del sashimi. La vera chicca del locale è l'ampia scelta di uramaki d'autore, molto invitanti: uno fra tutti il Panic special roll: involtino di riso con salmone crudo, tonno del Mediterraneo e asparago, ricoperto da capasanta e porro fritto. Non mancano originali carpacci, tartare e ceviche. Tra i piatti caldi una buona scelta di portate della tradizione e un'interessante lista di signature dish, non solo di pesce. Da bere un'accurata selezione di vini bianchi italiani, bollicine italiane e francesi. Servizio gentile.

Finger's

via F. Carrara, 15

063234453 **CHIUSO** domenica; aperto solo la sera

fingersrestaurants.com

€ 60 AE, CSi, Visa, MC, POS

NIPPO-BRASILIANO. Diverse sedi (le altre a Milano e a Porto Cervo, vedi schede), per locali raffinati e molto curati, sia nella proposta culinaria che nell'accoglienza. L'insegna nasce nel 2004 e si basa sulla proposta fusion nippo-brasiliana firmata da Roberto Okabe, chef di origini giapponesi ma cresciuto in Brasile, possiamo dire precursore di una contaminazione oggi di gran moda. Grande scelta di carpacci e tartare, curato nel dettaglio il capitolo sushi, che beneficia di materia prima di indubbia qualità oltre alla competenza tecnica dei cuochi. Sashimi e nigiri viaggiano sul classico (con qualche eccezione, come il Gio Toro, ventresca di tonno con foie gras e aceto balsamico), molte varianti negli uramaki, anche in versione veg, come asparago in tempura e creamcheese. Il resto del menu non lesina in creatività, con interpretazioni equilibrate e originali. Servizio di livello, informale, ma preciso. Gli amanti dei cocktail troveranno una formula ben eseguita, altrimenti la cantina offre un'alternativa valida.

Hamasei

via della Mercede, 35

066792134 **CHIUSO** lunedì tutto il giorno

www.roma-hamasei.com € 50 tutte

GIAPPONESE. Probabilmente il primo ristorante giapponese ad aver aperto i battenti a Roma, addirittura nel 1974. Proprio per questo occupa un posto d'onore nel cuore degli appassionati romani di cucina nipponica, che qui forse hanno mangiato il loro primo sushi. In pieno centro, dispone di numerosi tavoli e di un banco con vista sui sushimen all'opera. Deliziosa la saletta tradizionale giapponese (per accomodarsi nella quale è, però, previsto un costo supplementare). L'assortimento di sushi varia sulla base del mercato, ma qualunque sia il pesce utilizzato si può contare su una materia prima di qualità, tagliata con precisione e accompagnata da riso della giusta consistenza, anche se lievemente troppo dolce al momento dell'assaggio. Particolarmente riusciti i futomaki con anguilla giapponese, ricca la scelta di pietanze cotte, tra cui spiccano gli yakitori, spiedini di pollo arrostiti in maniera perfetta. Il servizio a volte fatica a supportare il cliente meno esperto. A pranzo menu dal prezzo più contenuto e lunch box.

Hasekura

via dei Serpenti, 27

06483648 **CHIUSO** lunedì a pranzo e domenica tutto il giorno hasekura.it € 45 tutte

GIAPPONESE. In uno dei luoghi più belli del centro storico di Roma, ad un passo dal Colosseo, il locale fondato quasi trent'anni fa da Kimiji Ito e Franca Palma è stato tra i primi a portare il sushi in città offrendo da subito un'esperienza gustativa di alto livello. Oggi Franca e suo figlio Jun sono ancora lì con la stessa serietà e qualità del primo giorno. L'ambiente è raccolto, intimo; il servizio attento a guidare gli ospiti nelle scelte giuste. Il pesce, di una freschezza ineccepibile, è valorizzato dalla maestria del taglio. Una gioia per il palato i sashimi - di tonno, salmone, pesce bianco - le tartare arricchite da frutta fresca e salse artigianali, o i chirashi (ciotola di riso marinato e pesce fresco). Deliziosi anche i nigiri - con uova di salmone, gambero crudo o cotto, anguilla, tonno, granchio e salmone - e gli hosomaki nelle classiche ricette, avvolti dall'alga nori. Di grande piacevolezza anche i piatti caldi, tra cui le deliziose zuppe, le pietanze di carne e di pesce e le croccanti tempure. Carta dei vini adeguata all'offerta, insieme a birre e a sakè.

ROMA

Kiko Sushi Bar

p.le del Verano, 90

0694849822 **CHIUSO** lunedì

kikosushibar.it **€** 55 tutte

GIAPPONESE. Ai margini del quartiere San Lorenzo, Kiko può contare su una clientela fedelissima. Il motivo è presto detto: quel che si trova nelle tre aree di tipico minimalismo nippon chic - il sushi bar all'ingresso, la rarefatta sala con tavolini e l'intima saletta tatami - è una proposta precisissima, che va dritta all'essenza. Sushi nelle varianti tradizionali, tempura e teriyaki, carpacci, insalate, varietà di rolls e pochissimo altro. L'asso nella manica del locale aperto sei anni fa da Atsufumi Kikuchi è la qualità della materia prima: riso, alghe e poi il pesce, la cui provenienza è diligentemente indicata a fine menu (anche online), oltre alla perfezione della realizzazione. L'esempio più lampante è nei nigiri: raramente così pieni e ricchi, pur nell'estrema semplicità, il toro (la parte più grassa del tonno) e l'unagi (anguilla), in particolare, sono emozionanti per gusto, dimensioni, struttura, ma anche il pesce bianco e il salmone stupiscono. Alla carta il gioco si fa divertente, scegli il pesce e il modo in cui gustarlo: sashimi, nigiri, maki e temaki. Da bere una piccola lista di vini, qualche birra e sakè.

Kisaki Ramen & Sushi

p.zza Capranica, 75

0667858838 **CHIUSO** lunedì

kisaki.it **€** 50 CSi, Visa, MC, POS

GIAPPONESE. A due passi dal Pantheon, un ottimo indirizzo di cucina giapponese. Il nome dice chiaramente quali sono le specialità dell'insegna, valgono l'assaggio però anche i gyoza, che qui sono proposti fritti e alla piastra, nelle diverse versioni: pollo, gamberi e verdure, classici con carne di maiale o verdure. Il ramen è disponibile nella versione classica (con brodo di maiale servito con la relativa carne arrosto e l'uovo) ma anche in quelle speciali, come il Kaisen Shio Ramen, con brodo di pollo, o il Gheki Kara Spicy Ramen, con l'aggiunta di spezie piccanti. Sul versante sushi, si assaggiano nigiri, sashimi e gunkan da manuale, con materia prima di gran livello, e, per gli amanti del genere, da non perdere l'unaudon, grande classico giapponese a base di anguilla arrosto servita su riso bianco. Bella la carta dei sakè, che viene spiegata nel dettaglio dal personale di sala. Grazioso e curato lo spazio all'esterno.

Komorebi Restaurant

via della Stazione Vecchia, 5/7

0669416093 **CHIUSO** sempre aperto solo la sera, sabato e domenica anche a pranzo

komorebirestaurant.com **€** 30 CSi, Visa, MC, POS

FUSION. Nel cuore di Ostia un locale nato dalla passione per il sushi, basato su materie prime italiane di qualità e affiancato da una linea di cocktail realizzati con le tecniche giapponesi del bartending. Ci sono i classici sashimi e i nigiri (dal riso ben cotto e dalla giusta consistenza), subito forieri dell'alta qualità del pesce. Che si percepisce anche negli hosomaki, al salmone, alla spigola, al tonno, al gambero rosso, avvolti dall'alga. Ci si sbizzarrisce in varie combinazioni con gli uramaki, come l'Ura Bass Cod, con spigola in tempura, spuma di baccalà, fragole e salsa teriyaki, il Truffle Tuna, con tonno marinato al tartufo, maionese e scaglie di tartufo, o il Salmon fruit, con salmone marinato al lime, avocado, copertura di salmone, pitaya e tapioca allo yuzu. Tra gli antipasti fresche e appetitose tartare, una selezione di gyoza e le tempure. La carta dei vini rende omaggio a belle realtà laziali, con alcune incursioni nel resto della penisola e una sezione di grandi maison di Champagne, più qualche birra.

Mikachan

via Torcegno, 39

3381737246 **CHIUSO** lunedì e martedì; aperto solo la sera

www.mikachan.it **€** 35 tutte

GIAPPONESE. Ha l'aspetto confortevole di un'izakaya Mikachan, l'insegna di Micaela Gianbanco e Paolo Campesi che si ispira ai locali tradizionali nipponici che hanno uno stile simile alle nostre osterie. Privi di uno spazio esterno, negli scorsi mesi hanno puntato su un eccellente servizio di asporto, ma, ovviamente, l'esperienza è tutt'altra se ci si accomoda alla loro tavola, con la possibilità anche di acquistare snack e prodotti tipici in arrivo direttamente dal Giappone. In menu tante preparazioni calde, come il ramen, in ottima interpretazione, gli udon o delizie come il fishkatsu (spigola panata). Non manca il sushi, proposto in maniera ortodossa e con materie prime di ottimo livello, a partire dagli ottimi nigiri con tonno rosso, anguilla laccata, calamaro e shiso. Da non perdere gli onigiri, tipici triangolini di riso incartati a mano come da vero street food. In abbinamento una piccola lista di vini, birre artigianali, sakè in varie versioni, dai non filtrati agli aromatizzati, e distillati nipponici.

ROMA

Mun Sushi Bar

via dei Gelsi, 43

0649779120 **CHIUSO** lunedì

munsushibar.com **€** 35 CSi, Visa, MC, POS

GIAPPONESE. La cura e l'attenzione per il cliente si percepiscono subito, l'ambiente è accogliente e intimo, lo staff gentile e preparato. Il resto lo fanno le valide materie prime - dal pesce che arriva a cadenza giornaliera a ortaggi e frutta ben selezionati - e poi naturalmente le mani esperte della cucina. Tra i tanti sfiziosi uramaki, ben dosati negli accostamenti, segnaliamo tra gli special il Lunar Roll con riso, alga, salmone, avocado, sesamo, top di tartare di salmone e cream cheese, mandorle, erba cipollina; l'aromatico Sunset Roll, con riso, alga nori, ricciola marinata al lime, cetriolo, top di maionese alla menta e sesamo; il Crunch Spicy Ebi Roll di riso, alga, gambero cotto, cetriolo, avocado, maionese giapponese, mix di spezie piccanti, cipolla fritta, salsa unagi, per chi ama il piccante. Tra le altre opzioni i nigiri (di ricciola, salmone, tonno gambero rosso di Mazara), i sashimi, e le appetitose ciotole chirashi. Piccola selezione di bianchi, rossi e bollicine, più qualche birra.

Nojo

via di Tor di Quinto, 35

063330946 **CHIUSO** sempre aperto

nojo.it **€** 40 tutte

FUSION. Una valida contaminazione tra Oriente e Occidente anima i piatti frutto dell'estro e della passione dello chef Valerio Esse. Dal sushi bar pesce freschissimo declinato in vari tagli e abbinamenti, alcuni classici altri più estrosi. Deliziosi i pokè, come il California con granceola artica, avocado, top di salmone scottato, maionese piccante e pasta kataifi croccante, o il Truffle Tuna con tartare di tonno, maionese giapponese e lamelle di tartufo estivo. Ma la qualità del pesce si apprezza molto anche nei sashimi e nei nigiri, così come nei gunkan e negli uramaki. Dalla cucina arrivano anche antipasti caldi, dumpling e fantasiosi wok di riso, noodles e verdure che si accompagnano a carne e a pesce. Ampia carta dei vini (e delle bollicine) che spazia dall'italia al resto del mondo. Non manca una selezione di sakè e una bella drink list. Molto curato l'ambiente; personale gentile e preparato.

Off Club

via di Casal Bertone, 64

0649772523 **CHIUSO** lunedì, martedì, mercoledì

offclubrome.com € 50 CSi, DC, Visa, MC, POS

FUSION. Un locale eclettico, dagli spazi ampi, suddivisi su tre livelli, e caratterizzato da arredi che colpiscono per l'originalità dei tessuti e dei colori (oro e nero, in prevalenza). Oltre alla carta sono disponibili due menu degustazione che spaziano tra le varie tipologie di cucina proposte. Per quanto riguarda il sushi, curato il taglio del sashimi, ben integrati gli ingredienti degli uramaki (notevole quello con battuta di branzino, rabarbaro e carpaccio di gambero rosso). Davvero interessanti i piatti di contaminazione, con menzione particolare per il bao con coda alla vaccinara e i noodles "ajo ojo e peperoncino" con ricci di mare e kumquat. Buona selezione di vini, che annovera anche etichette di prestigio, ma è possibile tentare l'abbinamento con i cocktail, protagonisti di una lista davvero interessante. Servizio giovane e spigliato, ma comunque curato al meglio.

Otosan

via Nemorense, 101

0645552486 **CHIUSO** sempre aperto

otosanroma.it € 50 tutte

GIAPPONESE. Otosan in giapponese vuol dire papà, e questo bel locale sulla Nemorense è una costola dell'altro nel quartiere Prati che - non a caso - si chiama Okasan (mamma). Tra gli ambienti più curati della Capitale, qui sono i materiali naturali a farla da padrone, tutto è realizzato, infatti, con legno massello. La proposta gastronomica è ricca e importante, a dirigere le danze Fumio Saito, shokunin con esperienza trentennale. Il menu dedica, giustamente, molto spazio al sushi, la cui proposta si snoda lungo ben nove sezioni; se non si sa cosa scegliere, si può sempre optare per il sushi mix servito nelle pittoresche barchette di legno. Il locale è un'ottima opzione anche per la cucina tradizionale. Qualche esempio: il kakuni, una morbidissima spalla di maiale cotta lentamente e poi laccata con salsa di soia. O ancora il tataki di salmone cotto alla piastra e servito con la salsa unagi. Segnaliamo anche il ramen nella stagione opportuna, che in estate viene sostituito con un soba in brodo di pesce e verdure croccanti. Grande attenzione per il sakè a cui sono dedicati una carta e un servizio molto curato. Per nulla banale la scelta dei dessert provenienti da HiromiCake (pasticceria giapponese di via Fabio Massimo della stessa proprietà).

ROMA

Rokko

passeggiata di Ripetta, 15

063223414 **CHIUSO** domenica

www.ristoranterokko.com € 50 tutte

GIAPPONESE. Posizione centralissima, a ridosso del Tevere, Rokko è un approdo certo per gli amanti del Giappone in città da decenni (i coniugi Sasaki lo hanno aperto nel 1991). Gli ambienti sono declinati con le rilassanti atmosfere nipponiche (con tanto di piccolo giardino zen), il menu è orgogliosamente classico, senza derive fusion, tecnica precisa improntata all'essenzialità e all'armonia. Tra gli esordi, saporiti i gyoza e la confortevole zuppa di miso. Il sushi è curato come il resto, a partire dal riso autoprodotto nel vercellese dall'azienda di proprietà, per finire al pescato di gran selezione. Ottimi i sashimi e i chirashi, nel quale apprezzare il sapore del mare in purezza, assemblati con precisione i nigiri. Delizioso il carpaccio di spigola con ponzu. I mochi chiudono il menu in dolcezza. Ad accompagnare le vivande tè, birre giapponesi o una piccola selezione di vini italiani. Servizio preciso e professionale. Validi set misti e bowl per l'asporto.

Shimai

via Eschilo, 188

0645479472 **CHIUSO** domenica e lunedì

shimai.it € 35 CSi, Visa, MC, POS

GIAPPONESE. Un locale piccolo e accogliente, molto apprezzato in zona Axa, con all'attivo oltre dieci anni di esperienza e di attenzione alla qualità della materia prima, delle preparazioni, del servizio. Degni di nota gli uramaki, a base di tonno (e della sua ventresca), salmone, spigola, dentice, ricciola, ombrina e declinati in tantissime squisite opzioni, compresi i Rainbow, avvolti da una fettina di pesce, oppure con pesce scottato, in tempura e anche in versione veggie. Stessa qualità anche negli hosomaki e nei sashimi, ben calibrati nelle proporzioni di riso e pesce. Belle e buone le ciotole chirashi con riso e pescato del giorno. Ci si accompagna con ottimi piatti caldi, tra cui soba, udon, tokoyaki (polpettine di pollo fritte) e croccanti tempure. Piccola e intelligente la carta dei vini, con qualche birra come opzione.

Shiroya

via de' Baullari, 147

0664760753 **CHIUSO** lunedì

shiroya.it € 35 tutte

GIAPPONESE. Un angolo autentico di Giappone a due passi da Campo de' Fiori. L'allestimento ben studiato catapulta gli avventori nel Sol Levante grazie ai dettagli tipici dei locali popolari nipponici. Gradevole l'atmosfera, tranquilla e accogliente, essenziale e molto curato lo stile, con dehors sulla piazza del Museo Barracco. Specialità della casa sono i donburi crudi e cotti (da non perdere, quando disponibile, l'anguilla grigliata) oltre ai gyoza fatti a mano, un'ampia varietà di ramen e alcuni piatti della tradizione casalinga nipponica difficili da trovare altrove a Roma. Dal bancone a vista, il sushi chef e il sous chef fanno uscire un'ampia varietà di sashimi ben presentati, dal taglio preciso e dalla materia prima di qualità, oltre ai classici nigiri con buona scelta alla carta, alcuni gunkan e maki (meno classici). Servizio ineccepibile, gestito da personale giapponese molto gentile e premuroso. In abbinamento un'ampia carta di birre giapponesi anche artigianali e una selezione di sakè.

Somo

via G. Mameli, 5

065882060 **CHIUSO** sempre aperto solo la sera

somorestaurant.com € 55 AE, CSi, Visa, MC, POS

FUSION. Un ambiente elegante e raffinato, dal design essenziale e dall'atmosfera intima, caratterizza questo locale alle pendici del Gianicolo. Materie prima d'eccellenza, sensibilità estetica e interpretazione d'autore qui viaggiano di pari passo. I nigiri sono ben realizzati e presentati, il sashimi dal taglio preciso e di alto spessore. Da non perdere i contemporary rolls proposti in sfiziose varianti, che non coprono ma esaltano la qualità del pesce. Scegliendo i set, si possono provare i maki con salmone, pistacchio, genmaicha e limone, oltre a tonno rosso con zenzero, sedano e cocco. Alla carta, segnaliamo i deliziosi rolls con spigola, verdure e lime. Interessanti anche le altre proposte della cucina, che si muove tra Italia e Sol Levante: dal riso Acquerello con gamberi rossi e yuzu ai gustosi udon con manzo di Kobe in doppia cottura e porri croccanti. A disposizione un'ampia carta dei vini con etichette italiane e Champagne, oltre ad una buona scelta di sakè e alcune birre giapponesi.

ROMA

Sozo

via Duccio di Buoninsegna, 49
0652721461 **CHIUSO** lunedì
sozoroma.it € 40 CSi, Visa, MC, POS

FUSION. Sofisticata l'atmosfera di questo locale, arredato con gusto, con bancone dei cocktail in bella mostra a far da contraltare all'area di taglio del sushi. Più dei nigiri, dove comunque si apprezza la freschezza della materia ittica, suggeriamo l'assaggio dei roll in varianti creative, equilibrati nei sapori e generosi nella quantità del pesce. Chiedete anche i fuori carta, che seguono stagionalità ed estro: delizioso, ad esempio, il Capri (gamberi in tempura e datterino, tartare di Mazara, capesante scottate e tobiko). Originali gunkan e temaki, del resto la parola "sozo", che sta per "creatività", rappresenta lo spirito del locale, che non si pone tra i puristi della tradizione giapponese e non segue tutti i canoni. La degustazione di sashimi è nobilitata da foglie d'oro e caviale di storione, non mancano altre proposte di crudi, dalle ostriche alle tartare (grazioso il tris in ciotoline). Dalla cucina anche piatti caldi come yaki soba e capesante grigliate. Lista ben pensata di vini italiani e proposte di mixology.

Sushi e Noodles

v.le Tuscolana, 840
0670453109 **CHIUSO** sempre aperto
sushienoodles.it € 40 AE, CSi, Visa, MC, POS

ASIATICO. Tre indirizzi in città (gli altri in viale Aventino, 117, e in via G.G. Belli, 67, a Prati) per questa insegna che offre piatti della cucina asiatica e proposte fusion. I locali sono tutti arredati con cura, non manca il tradizionale tatami e, nella più recente sede di via Tuscolana, c'è anche un gradevole dehors con banco per l'aperitivo e bottiglieria di pregio. Il menu, molto ampio, dà parecchio spazio al sushi in tutte le sue declinazioni. Il pesce, acquistato fresco e abbattuto in proprio, è curato nel taglio; il riso è equilibrato nel gusto e nella consistenza. Ottimo il temaki con tonno, avocado e maionese piccante; di pari livello la selezione del giorno di nigiri e maki (branzino, tonno, salmone, gambero). Soddisfacenti anche i piatti cucinati, con menzione particolare per i noodles thailandesi piccanti ai gamberi, anacardi, germogli di soia e cipolla. Per accompagnare il pranzo si può puntare su un'ottima scelta di vini, con tanti Champagne, ma anche sakè e una interessante selezione di tè. Il personale, sempre sorridente, è pronto ad aiutare i clienti nella scelta.

Sushisen

via G. Giulietti, 21a

065756945 **CHIUSO** lunedì tutto il giorno
www.sushisen.it € 45 tutte

GIAPPONESE. La piacevolezza dell'esperienza inizia varcando la soglia di questo bel locale, da sempre arredato con cura e precisione. Ci si siede ai tavoli o al kaiten e, in ogni caso, il viaggio gastronomico è accompagnato dal personale puntuale e competente, capace di guidare i clienti tra le varie proposte del menu così come tra sakè, vino e birra. In carta il Giappone si esprime in tempura, gyoza e takoyaki, ma il vero protagonista è il sushi in molte sue declinazioni. Alla base della buona riuscita ci sono innanzitutto la qualità del pescato impiegato e l'attenta cottura del riso, elementi che rendono interessanti sia le versioni più classiche che i twist più originali. Tra i nostri assaggi, in particolare, non sono mancati nigiri, gunkan, hosomaki e uramaki (che buono l'ebiten roll, con gamberoni in tempura, avocado e polpa di granchio). Perfettamente organizzati anche i servizi di asporto e delivery.

Sushita

via Nomentana, 221

0686800950 **CHIUSO** domenica a cena e lunedì
€ 35 CSi, Visa, MC, POS

FUSION. Un ambiente curato e accogliente, con un piacevole spazio esterno, contraddistinguono questo locale nei pressi della storica villa Torlonia. I piatti sono frutto di una valida materia prima e si declinano in grandi classici e contaminazioni ben riuscite. Di buon livello i carpacci e i sashimi, che danno subito prova della qualità del pescato, così come i nigiri. Freschi e ben dosati gli uramaki, declinati nei classici (California, Rainbow, Spicy tuna) e presenti anche in una lunga sezione veggie e special, con intriganti contaminazioni, tra cui citiamo il Parigi, con gamberi in tempura, asparagi, tonno, foie gras e salsa ai frutti di bosco; l'Italy, con tonno, zucchine, asparagi, salmone e pomodorini; ancora il Mexico, con gambero panato, avocado, tartare di salmone, nachos, salsa teriyaki. Tra le altre commistioni da provare i ceviche e il sushi burger, una scelta di roll cotti e di piatti caldi dalla cucina.

ROMA

Taki

via M. Dionigi 56

063201750 **CHIUSO** sempre aperto

taki.it **€** 45 tutte

GIAPPONESE. Gode di un ambiente incantevole l'elegante insegna aperta da Yukari Ohashi e da suo marito Onorio Vitti. L'arredo dai colori scuri è controbilanciato da luci ben direzionate, mentre una profusione di piante ispirate all'arte dell'ikebana contribuisce all'atmosfera del locale, il cui ambiente muta con la stagionalità della vegetazione. Non si transige sulla qualità delle materie prime e il locale è certificato tra i Japanese Food Supporter dall'Istituto per il commercio estero nipponico. Tagliato a regola d'arte il sashimi, delizioso il gusto del riso nei nigiri. In carta anche l'oshizushi, il sushi pressato, e una lunga lista di roll, gustosi e ben presentati (unica pecca la quasi onnipresenza del surimi negli uramaki). Dalla linea di cucina invitanti tartare, piatti tradizionali di carne, anche Wagyu, e di pesce (da provare il merluzzo nero marinato al miso e grigliato), formule light con yakimeshi (riso fritto) in tante declinazioni o bento. Carta dei vini (anche in delivery) decisamente all'altezza, con vini italiani, Champagne e un'interessante lista di sakè.

Tora Sushi & Asian Cuisine

c.so del Rinascimento, 71

0689134334 **CHIUSO** lunedì a pranzo

torasushiroma.it **€** 45 CSi, DC, Visa, MC, POS

ASIATICO. A due passi da piazza Navona, un piacevole locale (insignito del certificato di "Japanese Food Supporter" promosso dal Jetro, l'istituto giapponese per il commercio estero) che propone non solo sushi e cucina giapponese, ma anche piatti fusion e della tradizione asiatica. Moderno e raffinato, l'interior design è stato curato da Josè Arigoni che ha realizzato calcografie su carte cinesi e immerse in resina trasparente. All'interno anche un'ampia sala con il kaiten. I nigiri sono ben eseguiti e presentati con grazia, la materia prima di qualità. I maki, perfettamente circolari, sono proposti anche in versioni creative elaborate, ma ben equilibrate. Tra le proposte d'autore: Yume-sogno (uramaki con gamberi in tempura, tartare di salmone allo yuzu) o Godfather (futomaki in crosta di pistacchio, con avocado e tonno piccante dentro e fuori). Lo chef Koji Nakai ama spaziare tra più cucine, proponendo invitanti cruditè, classiche zuppe thai e piatti rivisitati come il pad thai "esotico" o interpretazioni fusion come i noodles con ragù di manzo di Kobe e funghi shiitake. In abbinamento vini, tè, ampia scelta di sakè e birre artigianali.

Umami

via Veio, 45

0653096313 **CHIUSO** lunedì; aperto solo la sera
escl. sabato e domenica **€** 35 CSi, Visa, MC, POS

GIAPPONESE. La vocazione di questa trattoria giapponese è quella di restituire le ricette della tradizione culinaria della regione del Kanto, nella maniera più autentica e vicina ai sapori originari. Ed è una scommessa già vinta a suon di deliziosi gyoza, ramen e udon. Da quest'anno poi si è aggiunto uno spazio per il sushi. La qualità della materia prima c'è, coerentemente al resto dell'offerta, i tagli e le consistenze sono quelli giusti. Ne sono esempio i sashimi - di tonno, ricciola, salmone - così come i nigiri adagiati sulla pallina di riso, in cui si apprezzano anche l'anguilla e il gambero rosso. Negli uramaki la bontà del pesce si sposa con la croccantezza delle tempure e delle verdure fresche che lo accompagnano (come per l'ebi uramaki con gamberi in crosta di panko, cetriolo, anguilla scottata, salsa teriyaki, sesamo e tobiko); delizioso anche quello con ventresca di tonno, avocado, tobiko black e sesamo. Stessa qualità anche per il cirashi, che prevede anche una variante veggie. Si chiude in dolcezza con dorayaki e mochi.

Zuma

via della Fontanella di Borghese, 48

0699266622 **CHIUSO** sempre aperto
zumarestaurant.com **€** 70 tutte

GIAPPONESE. Da oltre cinque anni nell'Urbe, la sede italiana della corazzata "multinazionale" fondata dallo chef imprenditore Rainer Becker si affaccia su via del Corso, dalla cornice d'eccezione di Palazzo Fendi (con tanto di meravigliosa terrazza panoramica con valido cocktail bar). Ambiente mondano, posizione centralissima e approccio internazionale ovviamente hanno fatto sì che il locale venisse doppiamente penalizzato dalle conseguenze della pandemia: nei mesi, infatti, di maggiori restrizioni, l'insegna è rimasta chiusa, senza tentare i palliativi di asporto e delivery. Nata su un format di esportazione della cultura nipponica dell'izakaya, a questa tavola si gustano ricette autentiche, con qualche contaminazione creativa, partendo dalla robatayaki, la griglia a carbone a vista, senza trascurare le varie interpretazioni del sushi. A partire dai nigiri (di dentice, di ventresca di tonno, di capasanta, ma anche in versione vegetariana), passando per gli special (con Wagyu e tartufo, ad esempio) e i maki più creativi. Valida carta dei vini, ampia selezione di sakè.

ABRUZZO

CHIETI

Hanzo

via Colonnetta, 16

3274284036 **CHIUSO** sempre aperto

hanzonikkei.com **€** 40 CSi, DC, Visa, MC, POS

NIKKEI. Con quattro sedi in Abruzzo - Spoltore, Francavilla e Silvi Marina, oltre a questa di Chieti - Hanzo ha portato in Abruzzo la cucina giapponese con contaminazioni sudamericane, soprattutto dal Perù, utilizzando ingredienti di qualità e pesce fresco certificato. Dal ricchissimo menu un'ampia scelta di tartare, carpacci, ceviche e poké che coniugano felicemente pesce con frutta tropicale, verdure fresche, riso o guacamole. C'è davvero l'imbarazzo della scelta. E lo stesso vale per i Roll Nikkei - tra cui citiamo quello con tartare di tonno, formaggio fresco, carota, cetriolo, avocado, frutti di bosco, maionese al coriandolo e salsa teriyaki; ma le commistioni sono davvero infinite, come per il Mexican, con gambero in tempura, Cheddar, avocado, jalapeno, nachos e salsa teriyaki. I puristi del crudo avranno la loro sezione dedicata ai sashimi, con tonno, gamberi rossi di Mazara, scampi, spigola, capesante e salmone. Ambiente accogliente e curato. Servizio cortese e sorridente.

PESCARA

Botanico

via Piave, 66

0852059787 **CHIUSO** a pranzo dal lunedì al giovedì

botanicopescara.it **€** 35 CSi, Visa, MC, POS

FUSION. La filosofia di Botanico è quella di coniugare la proposta sushi con una selezione di pizze gourmet, piatti molto diversi, ma che hanno come comun denominatore l'alta qualità nella scelta degli ingredienti e nelle preparazioni. Il trait d'union per accompagnare al meglio? Una mixology di altrettanto livello si vedrà dando un occhio alla drink list. Il tutto in un "giardino" accogliente e luminoso. Freschissimo e ben trattato il pesce, che si declina in tartare e chirashi (di tonno, salmone, gamberi rossi, capesante, insieme a croccante verdura e frutta). Appetitosi anche gli uramaki nelle classiche versioni - anche veg - tra cui meritano l'intenso Flambass, branzino fiammato, cetriolo, carota, avocado, formaggio fresco, slice di jalapeño e salsa piccante e il Red Passion, tonno rosso di Sicilia, cetriolo, carota, avocado, tartare di tonno e formaggio fresco. Pollice alzato anche per sashimi e nigiri. Oltre ai cocktail, vini e birre di un birrificio artigianale della regione.

PESCARA

Casamaki

p.zza della Rinascita, 85

3498122892 **CHIUSO** sempre aperto
€ 40 CSi, Visa, MC, POS

GIAPPONESE. Le ambientazioni eleganti in stile minimal accolgono in questo sushi bar che si trova in piazza della Rinascita, punto d'incontro per gli abitanti della città. Da una grande finestra è possibile guardare la lavorazione del pesce, declinato in varie proposte. Tonno, gambero, ricciola e salmone sono presenti in sashimi e nigiri. Tra tanti i roll in carta (non mancano alternative vegetariane) segnaliamo: il Royal Roll, gambero in tempura, mandorle, chips di cipolla in tempura, crauto rosso in tempura, maionese e salsa agrodolce; il Casamaki Roll, con granchio reale in tempura, tartare di tonno e salmone, maionese giapponese, mandorle, uova di pesce volante aromatizzate agli agrumi e crauti; il Mazara Roll, con gamberoni rossi, salmone e avocado. Fresche e golose anche le tartare. Da bere vini bianchi e rossi del territorio, bollicine e qualche birra giapponese.

Hiroshima Mon Amour

v.le Regina Margherita, 66

3349421930 **CHIUSO** martedì
€ 45 tutte

FUSION. Nel cuore della città questo locale elegante e curato è una valida cornice per una tappa a base di sushi. Le materie prime sono freschissime, molto pescato viene dall'Adriatico, altri prodotti da zone ittiche certificate. Pollice alzato per i sashimi - di salmone scozzese, di tonno rosso con i tre tagli akami, chutoro e otoro - i nigiri, che al riso accompagnano tonno rosso, ricciola, mazzancolla, scampo e pannocchia, triglia e anguilla scottata dell'Adriatico. Negli uramaki abbinamenti ben calibrati, tra cui segnaliamo il Sicilia Roll, con tonno rosso e avocado all'interno, tartare di tonno, chutney al mango, senape, foglie di cappero e teriyaki all'esterno, ma la lista è ricca di intriganti opzioni. Tra i gunkan spicca quello con riso e calamaretti nostrani mantecati leggermente piccanti, o quello con ricci di mare. Si bevono bianchi e rossi del territorio, più alcune referenze internazionali e una selezione di bollicine.

ROSETO DEGLI ABRUZZI [TE]

Sushita

via Thaulero, 3

0858990150 **CHIUSO** mercoledì
€ 35 CSi, Visa, MC, POS

FUSION. A 5 minuti a piedi dal lungomare, un indirizzo molto gettonato dagli amanti del crudo giapponese. L'ambiente è curato e accogliente, il personale cortese e sorridente. Il resto è merito della materia prima freschissima e lavorata da mani esperte. Dal menu tante sfiziose declinazioni che accontentano sia i puristi del crudo che gli appassionati delle contaminazioni. Validi sashimi, carpacci e nigiri, mentre tra le contaminazioni da provare non mancano ceviche e tartare dagli intriganti abbinamenti (come tonno, foie gras scottato e salsa ai frutti di bosco, o spigola, chutney di pompelmo, melograno e olio extravergine). Ampia la sezione dedicata agli uramaki: classici al salmone e al tonno, veggie, più una nutrita scelta di fantasiosi special, tra cui citiamo il Crispy Tuna con tonno, puntarelle croccanti, maionese allo zafferano e granella di pistacchio (ma ogni giorno si trova un abbinamento nuovo). Si beve attingendo a una ragionata e interessante selezione di vini più qualche birra.

TERAMO

Oishi Japanese Kitchen

via Capuani, 47

3913942429 **CHIUSO** lunedì; aperto solo la sera
www.oishiteramo.it € 45 CSi, DC, Visa, MC, POS

GIAPPONESE. Sfruttare le soste forzate, pur così dolorose, per ricercare e crescere: è la scelta vincente di Oishi, indirizzo di valore assoluto pilotato con gusto e acume da Luca Di Marcantonio. Primo segreto, la qualità delle materie prime. Secondo, il lavoro fine sulle contaminazioni tra la linea Tokyo + mondo, chiave del menu, e i tesori della dispensa teramana. Ecco allora, accanto alla vincente (e già originale) interpretazione di sashimi, nigiri, tartare, una lista di novità centrate e ammiccanti, come il Tonno Tartufo roll (avocado, maionese, erba cipollina, tartare di tonno, extravergine, salsa ponzu e tartufo nero locale); il Baccalà roll (melanzana in tempura, avocado, peperoni arrosto, carpaccio di baccalà scottato, concassé di datterini, capperi, olive al forno, lime, scaglie di sale) o l'ammiccante Ciao Mi Chiamo Alice: squisite alici di pesca vicinale marinate con ponzu, soia, lime e rifinite con pane in tempura, burro, pomodorini confit e caviale Amur. Ottimi gli abbinamenti con vini, sakè e birre. Delivery di classe nei contenuti e nella confezione. Altra sede a Pescara, ancora chiusa mentre andiamo in stampa.

CAMPANIA

AGROPOLI [SA]
Hoshi Japanese Fusion

via S. Marco, 140

3331881826 **CHIUSO** sempre aperto

hoshiagropoli.it € 50 CSi, DC, Visa, MC, POS

FUSION. Ad Agropoli, porta del Cilento, un ristorante che coniuga la freschezza del pesce locale - assieme agli altri prodotti provenienti da zone certificate del globo - alla tradizione nipponica del sushi, con incursioni fusion ben ragionate e sempre centrate. Il locale di Vincenzo Ranieri è accogliente e curato, in stile minimal e regala una meravigliosa vista sul mare. Si tocca subito con mano la qualità del pescato con tartare, sashimi e nigiri - di salmone, di tonno, di gambero rosso, di ricciola, di capasanta, di spigola - e, dove c'è, si apprezza la corretta cottura del riso. Tocco fusion nella Hotate Amaebi, capasanta scottata con gambero rosso, burrata e tartufo. Ben dosati nel mix di ingredienti gli uramaki, sia in varianti classiche, che in proposte di territorio, come per il Cilento Salmon Pepper (riso esterno con togorashi, salmone, avocado, tartare di salmone flambè, salsa maio spicy, peperoncino verde). Ampia scelta di piatti caldi dalla cucina. Da bere birre italiane e giapponesi. Servizio attento e cortese. Da gennaio nuova apertura a Salerno.

AMALFI [SA]
Shabu

l.go della Zecca, 3

089873117 **CHIUSO** martedì

shabufusion.it € 40 tutte

FUSION. Nella repubblica marinara questo avamposto del crudo nipponico è molto apprezzato da locali e turisti in visita. Lo spazio dai toni chiari sul bianco e celeste è accogliente, la cucina si basa su prodotti freschi - parte del pescato è locale, il resto ben selezionato da altri luoghi - con alcune divagazioni fusion. Ne sono prova i ceviche tra gli antipasti - di salmone, ricciola, tonno e veggie - e i carpacci, serviti con chips di cipolla croccante e aceto di mele. I classici sashimi soddisfano gli amanti del pesce in purezza. E poi si scatena la fantasia un'ampia scelta di roll divisi per tipologia di pesce - salmone, tonno, gambero - oppure a base di riso nero, special e veggie. Tra essi citiamo il Buffalo (stracciatella di bufala, chips di basilico, pomodoro secco) e il Ligure (pesto ligure, julienne di patate, cream cheese, carpaccio di tonno esternamente), ma le divagazioni sono tantissime. Golosi gli hand roll a base di crêpes di soia. Ritorno al classico per temaki e gunkan. Dalla cucina anche piatti caldi. Stingata la carta dei vini e delle birre. Servizio attento e gentile.

BENEVENTO

Japit

via San Pasquale, 12

3475152491 **CHIUSO** lunedì

japit.business.site **€ 55** CSi, DC, Visa, MC, POS

GIAPPONESE. Se non fosse per l'Arco di Traiano lì a due passi, sedendo al bancone del Japit di Benevento penseremmo di trovarci in Giappone. Ma non c'è da meravigliarsi, conoscendo la storia di Mario Cangiano: proveniente da una famiglia di pescatori tarantini, si è formato alla Tokyo Sushi Academy e negli anni ha cesellato una proposta di eccellenza assoluta. Al di là delle singole voci di un menu essenziale, ma completo, ciò che risalta subito è infatti la cura sartoriale nella selezione e nella lavorazione della materia prima. Salmone king, tonno rosso (e relativa ventresca), capesante, orate, frutti di mare e crostacei sono protagonisti indiscussi delle diverse preparazioni tradizionali (sashimi, nigiri e hosomaki in testa), conservando purezza ed equilibrio di sapori dove accompagnati da aromi, spezie e riso (perfetto per consistenza e proporzione). Il padrone di casa permette di godersi a pieno l'esperienza consigliando le migliori opzioni "laterali", come la fantastica tartare di gambero viola. E l'intelligente carta di birre, vini e cocktail rende il tutto realmente memorabile. Altra sede a Vietri sul Mare (p.zza A. Ferrigno, 105).

CASERTA

Nippon Experience

c.so Trieste, 265/271

3891830036 **CHIUSO** sempre aperto

€ 35 CSi, Visa, MC, POS

FUSION. Un'ariosa sala dai toni chiari, che termina con una coreografica cucina a vista, è la piacevole cornice di questo ristorante. Bello il contenitore, valido il contenuto. La cucina si avvale di materie prime fresche, gli ingredienti sono calibrati attentamente e si sposano bene con il pesce opportunamente tagliato. Il menu è ampio e lascia spazio a varie opzioni. Si può iniziare con tartare e carpacci, oppure con i sashimi (di salmone, tonno, capasanta o scampi), oppure si può optare per i nigiri. Hosomaki e anche temaki proposti in declinazioni classiche (come quello con gamberi in tempura, rucola e salmone crudo). Ma anche gli uramaki regalano uguali soddisfazioni, anche in versione vegan. Fantasiose commistioni negli special rolls, come l'Ipanema, con ricciola in tempura, maionese e rucola, avvolto nella ricciola scottata con le carote fritte. Non mancano le ciotole chirashi e una bella selezione di piatti caldi. Buona la selezione di vini con una propensione per le etichette regionali, più qualche birra.

NAPOLI

'Osushi Japanese Experience

via F. Cilea, 203/209

0810494464 **CHIUSO** sempre aperto

osushi.it **€ 35** CSi, Visa, MC, POS

FUSION. Materie prime fresche (come il pescato locale o quello importato da aziende ittiche di livello), maestria nei tagli e nelle preparazioni dei classici nipponici assieme ad accostamenti e contaminazioni nuove: ecco riassunta i pochi punti la filosofia di questo locale nel quartiere Vomero. L'ampia carta rende difficile la scelta. Una delizia il ceviche di pesce misto marinato in salsa ponzu, ma anche la tartare di granchio artico con salsa a base di aceto, per cominciare. Ad alti livelli i sashimi - di orata, dorsale e pancia di tonno, sgombro, salmone, branzino, butterfish - che assieme ai nigiri accompagnati al bocconcino di riso offrono un approccio esclusivo al crudo. Ma anche nei più articolati uramaki si apprezza la qualità del riso, la freschezza della frutta e delle salse fatte in casa. Validi i gunkan e i temaki. Da provare anche i burajiru, frutto della contaminazione tra la cucina nipponica e quella brasiliana. Ampia scelta di hot rolls e piatti caldi della tradizione. Bella scelta di vini - del territorio, eccellenze italiane ed estere, bollicine incluse - e di sakè.

Giappo

vico Belledonne a Chiaia, 2

0817648465 **CHIUSO** domenica a pranzo

giappo.com **€ 30** tutte

FUSION. Enrico Schettino, volto noto anche in tv, è protagonista dal 2006 della diffusione della gastronomia giapponese in Campania e in Italia. Una catena ormai consolidata di sushi bar la sua, con circa 19 punti vendita (compresi due dedicati al pokè e nuove sedi in apertura), di cui cinque a gestione diretta, con decine di sushiman operativi sulla fusion tra la cucina giapponese e quella occidentale. Questa sede, nella zona dello shopping, dopo un recente restyling, si presenta con un menu dinamico, facendo virare verso Oriente anche i capisaldi della miscelazione (con, ad esempio, lo Spritz Giappo, con sakè, Prosecco, arancia) che ben si accompagnano ai piatti curati e ben bilanciati. Tra gli assaggi i freschi nigiri e i fantasiosi uramaki, come il Giapporoll (in crosta di pistacchio con salmone in salsa teriyaki); un ottimo bao con burger di polpo, friarielli, burrata e pomodori; tra le bowl la tuna pokè con tonno in crosta, chips di zucchine, pomodorino secco, edamame e pistacchi. Validi i dolci, anche senza glutine, soddisfacente la carta dei vini, delle birre e dei distillati, accoglienza informale, ma cortese ed efficiente.

NAPOLI

Honzen

via A. Manzoni, 126

0817147201 **CHIUSO** sempre aperto solo la sera escl. domenica honzen.it **€** 50 tutte

GIAPPONESE. Il nome dell'insegna porta con sé una vocazione: recuperare le ricette dell'antica cucina Honzen (tradizione concentrata sul vassoio e appannaggio dei samurai) senza però chiudersi a nuove tendenze e contaminazioni. Il menu è un arcobaleno di proposte intriganti, tra soffici bao di riso dai vari ripieni a impeccabili tempure, di polpo o di astice. Buoni anche i carpacci e le tartare - di ricciola, salmone, gamberi rossi, capesante americane, tonno rosso Blue fin (e anche di manza rossa dei Fiordi) - così come i sashimi, tra cui spiccano il Black Cod e il salmone Sockeye. Nei nigiri si può apprezzare la cottura ottimale del riso che accompagna il branzino, l'anguilla o il salmone in versione flambé. Sui maki si scatena la fantasia, sorretta dalla maestria nel calibrare gli ingredienti. Ne sono prova gli Alici Roll (alici furai, astice, avocado, maionese, patè di pomodoro secco e aglio orsino) o lo Smoky (salmone scozzese affumicato, rucola, gambero in tempura, astice, avocado e patè di tartufo bianco), ma la lista è ancora lunga. Ampia cantina di etichette italiane e internazionali, birre artigianali e sakè. Servizio all'altezza.

Jap-One

via Calabritto, 7

0812249431 **CHIUSO** domenica; aperto solo la sera escl. sabato **€** 55 CSi, Visa, MC, POS

FUSION. Un'insegna che ha fatto la storia della cucina di ispirazione nipponica in città, avendo aperto i battenti quasi vent'anni fa (in una precedente sede). Da qualche anno è qui, nel cuore dello shopping partenopeo, in grande spolvero, con un ambiente elegante, contemporaneo, dall'illuminazione molto curata. La cucina si muove tra creatività e contaminazione, con ottime materie prime, tecnica raffinata e un'antologia di portate che rivisitano in modo intrigante i grandi piatti giapponesi. Sul versante sushi, da non perdere i nigiri, di gran livello, sia per fragranza del pesce, sia per cottura del riso (di scampo, di sgombro, di gambero rosso di Mazara del Vallo). Davvero intriganti i roll, dal territoriale baccalà e scarola ai raffinati ventresca, burro e zenzero oppure scampi ed erbe selvatiche. Validi pure gli assaggi "cucinati", buoni i dolci. Servizio preciso e competente. Carta dei vini essenziale e adatta agli abbinamenti, piccola scelta di distillati.

Konoha Sushi

via A. Falcone, 163

08119139604 **CHIUSO** sempre aperto solo la sera
€ 35 CSi, Visa, MC, POS

GIAPPONESE. Un ambiente minimal accoglie la fedele clientela che frequenta questo locale vicino al parco di villa Floridiana. Merito dell'ottima lavorazione delle materie prime, ben dosate nella creazione dei piatti. Si può cominciare bene con carpacci e tartare (anche di manzo), o con un fresco ceviche di pesce in salsa di lime, basilico, cipolla rossa, pomodorini gialli e peperoncini verdi. Si prosegue con i classici hosomaki, sashimi e nigiri a base di salmone, tonno, gambero e pesce bianco, secondo disponibilità (butterfish, orata, spigola, ricciola, rombo, lampuga). Gli uramaki si articolano nei classici abbinamenti - come California, Spicy Tuna e Spicy Salmon - o negli special, le proposte dello chef (tra cui citiamo il Ceviche Roll, tartare di salmone marinato con soia e agrumi, avvolta in verza con lime, cipolla, pomodorini e cream cheese). Buona selezione di bianchi (con diverse etichette regionali), rossi e qualche bollicina. Birre nipponiche anche artigianali.

Kukai Iki

via Nardones, 103

08118639120 **CHIUSO** domenica a pranzo
ikirestaurants.com € 40 CSi, Visa, MC, POS

GIAPPONESE. Con questa insegna, situata alle porte dei Quartieri Spagnoli e a Capri (in piazzetta Cerio, con un delizioso locale dai toni mediterranei), Massimiliano Neri, patron delle due strutture, si può definire il capostipite della cucina giapponese in Campania (se non addirittura nell'Italia meridionale). L'insegna di Napoli è semplice ed elegante, con un tavolo sociale all'ingresso e un privée al piano sottostante. Il menu è diviso per sezioni, dal sushi ai piatti principali; ottimo il sashimi, con sapori che evocano il mare, buono il roll mediterraneo, composto da un involtino di tonno, avocado e carciofi, ben assemblato. Validi i piatti caldi, dai noodles al Black Cod e, in conclusione, il flan di ricotta al tè verde in crosta di cioccolato. La carta dei vini si avvale di una collaborazione con Feudi di San Gregorio; poi cocktail, birre e sakè. Buona l'accoglienza, un po' lento in alcuni momenti il ritmo del servizio.

NAPOLI

Otoro 81

via N. Nisco, 81

081426570 **CHIUSO** sempre aperto solo la sera

otoro81.com **€** 45 tutte

FUSION. I colori caldi e accoglienti si alternano al legno e alla vegetazione alle pareti, creando insieme alle luci morbide un'atmosfera intima e rilassante. Le materie prime di grande qualità si alternano secondo stagione e disponibilità del pescato, creando un menu dinamico, che oltre ai classici propone numerose contaminazioni. Ne sono prova i tacos - di salmone, di tonno e anche di carne - davvero ben interpretati, o gli Special Edition rolls, come il Bonito Kai (pesce bianco cotto, negi, asparago, topping di gambero, capesante e fiocchi di bonito), o il Wagyu (manzo Wagyu, asparagi grigliati, salsa amiyaki). Decisamente convincenti anche tutti i classici, i succulenti sashimi esaltano al meglio il pescato di prima qualità, che include i gamberi rossi di Sicilia, il granchio reale, il salmone scozzese, l'orata, la ricciola, il branzino. Stessa storia per i nigiri. La maestria nel calibrare tutti gli ingredienti insieme al riso e al pesce fa apprezzare anche i gunkan (classici e rivisitati) e gli hosomaki. Buona scelta di vini e di birre.

Reiwa

via M. Schipa, 40

08118114943 **CHIUSO** lunedì e martedì

€ 50 tutte

FUSION. Per molti napoletani è un punto fermo in tema di sushi di qualità e anche un interessante capitolo in tema di contaminazioni culinarie. Merito di Romerson Coehlo, che ha miscelato sapientemente cucina nipponica e sapori mediterranei con risultati lodevoli. Materie prime di livello, cura nei tagli e nelle preparazioni, che sono bellissime, fanno il resto. Ne sono prova i sashimi nudi e crudi, ma anche le tartare - una delizia quella dello chef con pescato del giorno, gambero, olio di sesamo, lime e salsa ponzu - o i pokè, in cui si apprezzano le marinature e le salse artigianali che accompagnano i pesci. Tra i roll segnaliamo l'estroso Palamaro (roll fritto in alga nori, salmone, gambero cotto, cream cheese al tartufo giapponese, cipollotto, con caviale e salsa dello chef). Freschi e delicati anche i gunkan e i temaki. La cucina offre una valida scelta di piatti caldi. L'ambiente è curato e accogliente, l'onnipresente garbo del personale completa la piacevolezza dell'esperienza.

Tabi

via R. de Cesare, 35

0810513280 **CHIUSO** sempre aperto solo la sera

tabifusionexperience.com € 70 CSi, Visa, MC, POS

FUSION. A ridosso del lungomare Caracciolo, in zona pedonale, è un crocevia di materie prime tra Oriente e Occidente per un viaggio (il significato di "tabi" in giapponese) con un protagonista: Ignacio Hidemasa Ito. Lo chef, giapponese di origini e cresciuto in Brasile, tratta il pesce, come la carne e i prodotti dell'orto, in un menu vasto e articolato, con leggerezza, alta tecnica e abbinamenti interessanti, impreziositi da porcellane mediterranee e dall'accoglienza del patron Stefano Parisio, cordiale e competente. Il caldo e il freddo si esprimono in portate senza flessioni, sashimi, nigiri e roll appaiono senza sbavature, il piatto da 32 pezzi diventa unico. Tra gli starter caldi l'astice in tempura con salsa alla vodka e pinoli tostati, calamaro in salsa ponzu insieme al bun di manzo battuto al coltello con uova di quaglia e maionese allo zafferano; tra i freddi il tataki di Wagyu con salsa di zenzero, burro e mirin di soia insieme al tiradito di pesce misto Tabi. Sei i dolci a menu, carta dei vini ben strutturata con la presenza di birre giapponesi. Due i menu degustazione, l'Omakase a 85 e il Tabi a 100 euro.

Urubamba

Riviera di Chiaia, 205

3498139574 **CHIUSO** aperto la sera escl. sabato e domenica

urubamba.it € 50 CSi, Visa, MC, POS

NIKKEI. Giappone e Perù si sono incontrati nei colori della cucina nikkei e si incontrano nel menu di questo interessante locale partenopeo: ambienti vivaci, dehors godibile, servizio attento e ritmato. Per i più avvezzi ai piatti andini, non sarà una sopresa trovare in carta anticuchos, tiraditos e ceviche, ma, ovviamente, integrati con tecniche, sapori e cotture tutti nipponici. Qui il sushi parla quindi la lingua della contaminazione: i nigiri, che si avvalgono di valide materie prime e di manualità esperta, sono di tonno (pure di ventresca), ricciola, capasanta, ma anche di picanha (taglio di carne bovina molto usato in Sudamerica) e di Wagyu. Nei roll, armonici nei condimenti e nelle dimensioni, il mix è sottolineato a dovere: tra i Nikkei, ad esempio, il Tigresa Maki è con spigola, leche de tigre, ajì amarillo, granchio e guacamole; tra gli Urubamba, intrigante il Maki Waranashi, con avocado e cuore di salmone scottato al foie gras. Valide le opzioni dalla cucina, dal miso ramen al lomo salteado. Carta dei vini (soprattutto bianchi e bollicine) di buon livello e mixology curata.

NOLA [NA]
Roji Japan Fusion Restaurant

via Variante 7 bis, 186

335 6882358 **CHIUSO** aperto solo la sera tranne sabato e domenica roji.it € 55 AE, CSi, Visa, MC, POS

FUSION. Non ci si aspetterebbe, in un'area commerciale, di trovare un locale così raffinato, quindi la sorpresa è davvero piacevole. In tavola una fusion ragionata tra Oriente e Occidente, che ha reso giusta fama al Roji tra i gourmet campani. Si sceglie alla carta o si opta per i vari percorsi degustazione, in entrambi i casi non si rischia di restare delusi. Ottimi i nigiri di spigola, di acciughe, di mazzancolle o ventresca di tonno, così il sashimi, dal taglio preciso e dalla consistenza davvero apprezzabile. Meno classici i gunkan (delizioso il Mazara, con tonno ad avvolgere una tartare di gamberi di Mazara del Vallo, condita con olio, limone e caviale) e i roll, dove lo scambio Italia-Giappone si fa più evidente: da assaggiare il Baccalà, roll in tempura con baccalà, patate gialle, maionese con colatura, scarola, olive taggiasche. Per gli abbinamenti si sceglie da una selezione di vini italiani ed esteri, insieme a sakè e birre giapponesi. Il servizio è cortese e professionale.

PORTICI [NA]
J Contemporary

v.le Privato L. D'Amore, 15

08119504595 **CHIUSO** domenica; aperto solo la sera j-japaneserestaurant.com € 50 tutte

GIAPPONESE. Ha subito un recente restyling questo locale raffinato, con pochi tavoli, luci soffuse e un tocco glamour: Francesco Morante, Francesco De Vita, Mario ed Eduardo Fernandes sono partiti da questa sede per il progetto J Contemporary, diventato oggi vera e propria griffe campana, con altre aperture a Napoli e Sorrento. Un concept innovativo, che valorizza l'anima fusion con una proposta versatile e rigorosa, incentrata sull'universo sushi. La "signature selection" di sashimi, nigiri e gunkan è ideale punto di partenza per apprezzare la qualità delle materie prime (salmone, tonno rosso, ricciola, capasanta) e la cura nella presentazioni. Ma c'è l'imbarazzo della scelta anche per quanto riguarda tartare, carpacci, tempura, per non parlare dei piatti principali e degli extra. Livello alto anche sui dessert: la composta di clementine con gelato al caramello salato e crumble vale il viaggio. Il tutto impreziosito da un servizio puntuale e premuroso, nonché da una carta dei vini agile, ma non certo banale, specialmente sul fronte bianchi e bollicine. Curatissimo il packaging per l'asporto.

SALERNO

Himiko Sushi

via Via Roma, 268

089239133 **CHIUSO** lunedì; aperto solo la sera escl. sabato e domenica himikosushi.it
€ 40 CSi, Visa, MC, POS

FUSION. Due locali, uno a Salerno e uno a Torre del Greco (in via Sedivola, 77), per un'insegna che soddisfa gli appassionati d'Oriente con una bella selezione di materie prime e un menu che unisce le preparazioni classiche giapponesi a contaminazioni mediterranee. Del giusto spessore i sashimi, con tonno rosso, salmone, capesante, e ugualmente armonici e ben calibrati i nigiri (anche in versione scottata), da assaggiare nei set dello chef, così come gli ottimi carpacci e tartare. Spazio alla fantasia nei roll, dal Tartufo (con tartare di granchio reale e salmone, tartufo, gambero furai e salsa teriyaki) al Lemon (con gambero in tempura, branzino, avocado e maionese al limone). Dalla cucina piatti validi come yakisoba, gyoza o pollo kaarage. Il personale di sala, competente e cordiale, è pronto a soddisfare le richieste dei clienti. Per gli abbinamenti, birra giapponese, sakè o qualche etichetta di vino.

Me Geisha

via Roma, 59

089235380 **CHIUSO** sempre aperto
megeisha.it € 50 CSi, DC, Visa, MC, POS

FUSION. Accogliente e spazioso locale strategicamente posizionato tra il lungomare e il centro storico di Salerno, il Me Geisha (con sedi anche a Nola e Pompei) è solido punto di riferimento in Campania per gli appassionati di cucina giapponese in salsa fusion. La proposta è perfino troppo ampia e variegata, ma i capisaldi del sushi bar si rivelano di ottimo livello: vale la pena di partire dai sashimi di ricciola e dorsale di tonno rosso, oppure dai nigiri di spigola e mazzancolla, senza dimenticare i gunkan (pregevoli quelli con polpo in tempura, miele, zest di limone e salsa teriyaki) o le numerose variazioni a tema uramaki. Come detto sono numerose le possibilità di scelta tra starter, paste ripiene, riso, tempura e piatti caldi (anche a base di carne): noi abbiamo apprezzato in particolare il ceviche e le capesante scottate con salsa di miso, asparagi e nero di seppia. Altrettanto ricca di opzioni la carta dei vini, naturalmente incentrata su bianchi e bollicine (non solo regionali); servizio cortese ed efficace.

SALERNO
Umi

via Roma, 17

0899433538 **CHIUSO** sempre aperto solo la sera
umisalerno.com **€ 45** CSi, Visa, MC, POS

GIAPPONESE. Un'ambizione centrata e coraggiosa, in tempi pandemici, quella dei giovani Gerardo Ferrari e Fiorenzo Benvenuto: ospitare l'autenticità della cucina giapponese nel centro di Salerno. E in effetti, oltre all'ambiente, rilassante, curato nei dettagli, mai eccessivo, anche la tavola non lascia adito a dubbi, perché ci si trova di fronte a materia prima di ottimo livello trasformata con sapienza in pietanze cotte e crude di grande finezza e precisione sotto la direzione dello chef Jun Inazawa. Dai ramen alle cotture al carbone, la cucina convince. Il pescato locale insieme a ingredienti blasonati, come il tonno rosso spagnolo, impreziosisce il versante sushi: meritano senz'altro l'assaggio i nigiri e i sashimi, dal sapore deciso e dalla calibratura armonica. Nel solco dell'ortodossia anche gunkan e uramaki (tra questi ultimi notevole il Suzuki, con branzino, shiso e zest di yuzu). Capitolo a sé la cantina, ampia e davvero interessante per scelte campane, italiane e francesi, con preponderanza di bianchi e bollicine. Delivery curato, con vettori propri.

SORRENTO [NA]
Misaki

via San Francesco, 11

0818072830 **CHIUSO** sempre aperto
misakisushi.it **€ 45** CSi, Visa, MC, POS

GIAPPONESE. Una piccola corazzata si può definire l'insegna di Lucio Giordano, che oltre alla Penisola Sorrentina, negli anni, ha messo radici anche a Salerno (in viale Antonio Gramsci, 11) e a Pompei (via Piave, 54). La proposta di Sorrento accontenta più istanze, dagli amanti del sushi classico a quelli che invece ricercano la creatività dei roll, con un accento mediterraneo che non poteva mancare. Nel solco della tradizione nigiri e sashimi, che si avvalgono di ottima materia prima (dall'orata alla ventresca di tonno, dal polpo alla ricciola), cura nella preparazione e precisione nei tagli e nelle calibrature dei bocconi. Ottimi i carpacci e le tartare, armonici e nitidi anche i sapori degli uramaki, senza salse eccessive. Tra gli assaggi gli Honey Roll (con avocado e gambero in tempura all'interno e copertura di tonno, miele e sesamo) e il Lemon roll (sempre avocado e gambero in tempura nel riso, ricoperti da salmone, salsa dello chef e zest di limone sorrentino). Non mancano piatti caldi dalla cucina. Per gli abbinamenti, una selezione di vini fermi e bollicine, insieme a tè, birra e sakè.

VILLARICCA [NA]

1Q84

c.so Vittorio Emanuele, 50

0818941011 **CHIUSO** domenica e lunedì; aperto solo la sera
€ 45 CSi, Visa, MC, POS

FUSION. A pochi km a nord di Napoli, Villaricca cela un indirizzo molto apprezzato dagli amanti dei sapori esotici. L'ambiente è elegante e rilassato, l'accoglienza professionale e cordiale, in tavola materie prime scelte con cura e trasformate con precisione in piatti armonici e calibrati. La carta non trascura le contaminazioni, per gli indecisi la soluzione ottimale è scegliere il menu Omakase, lasciando fare allo chef. Concentrandosi sul sushi, piacevoli le sorprese, dai nigiri di tonno rosso, dal morso ottimale, a quelli di ricciola, passando per i sashimi da apprezzare nel mix di diverse tipologie di pesce. Essenziali e saporiti gli uramaki, che non peccano nel solito eccesso di salse e condimenti: dall'abbinamento tra spigola, bottarga e lime, allo Spicy Tuna, con tonno piccante, aglio, olio di cocco e mela verde. La carta dei vini e delle bevande non delude. Al momento di andare in stampa, il locale è aperto solo per l'asporto serale.

PUGLIA

BARI

Hagakure Fusion e Sushi

via G. Amendola, 203

0805484792 **CHIUSO** sempre aperto

hagakuresushi.it **€** 35 tutte

FUSION. Qui la cultura culinaria del crudo nipponico incontra contaminazioni e sapori da varie parti del globo (compresi quelli nostrani), sempre nel segno della qualità, partendo dal pescato certificato - sia di prossimità che da luoghi di pesca selezionati. Così si può passare dai tacos (di tonno, burrata, tartufo e ponzu affumicata) al ceviche di pesce misto, con grande gioia per le papille gustative. Molto fusion anche i sashimi; delizioso quello al salmone e orata con polpa di ricci di mare, salsa ponzu e olio di sesamo, così come il crudo di branzino in salsa yuzu-ponzu-truffle, funghi cardoncelli e porro, polvere di nocciole, zest di lime, zenzero croccante e tartufo nero. Ma non mancano i classici tagli nudi e crudi di salmone, branzino, ventresca di tonno, gamberi rossi e scampi. Sugli hosomaki si apprezza la semplicità dello stile nipponico, per rituffarsi nello sperimentalismo degli special roll. Valida scelta di piatti caldi dalla cucina.

Shodai

p.zza G. Massari, 23

0805283589 **CHIUSO** sempre aperto

shodai.it **€** 40 AE, CSi, Visa, MC, POS

GIAPPONESE. Nel centro storico della città questo locale dallo stile minimal molto curato, con confortevoli e colorate poltroncine e tavoli ben distanziati, propone i piatti del crudo nipponico con alcune interessanti contaminazioni da varie parti del mondo. Vario il menu, a partire da sashimi, carpacci, tartare e nigiri che subito mettono in evidenza la qualità e la freschezza del pescato e delle altre materie prime, così come i chirashi, gli hosomaki e gli special roll, anche per vegetariani. Tra le contaminazioni con i sapori sudamericani, deliziosi i tacos (come quello con salmone, guacamole, avocado e salsa d'arancia). Freschi e appetitosi anche i gunkan e i temaki dai vari ripieni avvolti nel cono di alga nori, intriganti anche gli special roll. Dalla cucina zuppe, insalate, vari tataki di tonno e salmone, riso e noodle in più versioni, e tempure. Da bere una carrellata di vini italiani, birre giapponesi e sakè. Anche ad Altamura in via Amedeo di Savoia, 16.

BARLETTA
Kaori

vico P. Colonna, 5

08831983103 CHIUSO sempre aperto solo la sera
kaori.it € 35 tutte

GIAPPONESE. Nel cuore della città si è accolti in uno spazio bello e suggestivo da un personale sempre gentile, sorridente e preparato al consiglio più azzeccato. Il pesce è di qualità, tagliato con precisione e accompagnato da riso ben trattato e da salse di prima scelta. Il menu è vario e interessante. Ci sono i classici sashimi (salmone, tonno e ventresca di tonno, spigola, orata), i nigiri (da provare quello con sgombro marinato in aceto di riso o con anguilla giapponese grigliata), i carpacci e le tartare arricchiti da salsa ponzu, sesamo ed erba cipollina. Deliziosi piatti completi sono i chirashi; freschi e ben calibrati anche gli hosomaki e i futomaki avvolti nell'alga nori. Intriganti i Fashion Sandwich, una sorta di sushi pressato, tra cui suggeriamo quelli con gamberi viola, avocado e maionese, oppure polpa di granchio reale dell'Alaska, maionese e avocado. Lunga e fantasiosa anche la lista degli uramaki. Buona scelta di vini bianchi, rossi e rosati italiani, più bollicine e Champagne.

FRANCAVILLA FONTANA [BR]
Umi Sushi

via Clavica, 21

3496471952 CHIUSO martedì; aperto solo la sera, sabato e domenica anche a pranzo
€ 40 CSi, DC, Visa, MC, POS

GIAPPONESE. In questo comune dell'entroterra pugliese, a metà strada tra Brindisi e Taranto, l'insegna si è ricavata una fedele nicchia di appassionati di cucina giapponese. Merito dell'attenzione posta nella scelta del pescato - che ovviamente può contare su arrivi giornalieri dal vicinissimo mare ma anche su pesce proveniente da zone certificate - e della conoscenza dei tagli giusti per gustarlo al meglio. Gli amanti del crudo potranno gustare ottimi sashimi, così come nigiri, con riso dalla corretta cottura, e hosomaki classici. Freschi e appetitosi anche i carpacci e le tartare. In alternativa si può optare per i validi piatti caldi dalla cucina, tra cui zuppe e croccanti tempure. Intimo e accogliente il locale, a pochi passi dal centro storico. Cortese e sorridente il personale.

LECCE

300mila Lounge

via 47° Reggimento Fanteria, 3/5

0832279990 **CHIUSO** sempre aperto

300mila.com € 45 CSi, Visa, MC, POS

FUSION. A pochi passi da piazza Mazzini - un tempo, appunto, piazza "Trecentomila" - la nuova sede di questo bar ristorante ormai sinonimo di eccellenza in città. La scelta architettonica esterna ricorda un angolo metropolitano old style, non fosse che siamo nel pieno centro di Lecce. Lo stile degli interni e dello spazio esterno adiacente ha eleganza e tocco internazionale, con piante e verde a farla da padrone. La cura dei dettagli è evidente anche nel menu, all'insegna del gusto e della sostenibilità. Sushi a regola d'arte, dall'elaborazione classica alle varianti proposte, tra crudo e cotto in perfetto equilibrio. Da provare gli special maki roll, tra i quali segnaliamo il Felicity: gambero al vapore, avocado, briciole di tempura, basilico, hot maio e salsa unagi. Ma ciascuno merita un assaggio. Ottimi sashimi, carpacci e tartare: si predilige il pescato locale, con conseguenti picchi di sapore e freschezza. Acclamati dai clienti i poke. Le proposte in menu offrono anche altro, mare e non solo, sempre all'insegna dell'alta qualità. Carta vini che soddisfa ogni esigenza; impressionante offerta di mixology. Servizio professionale e accogliente.

Fugu Restaurant

via C. Battisti, 1

3893408108 **CHIUSO** sempre aperto solo la sera

fugurestaurant.it € 30 CSi, Visa, MC, POS

FUSION. La grande sala al primo piano affaccia, con ampie vetrate, su un delizioso angolo di verde del centro cittadino, la villa comunale. All'interno, grazie a una recente ristrutturazione, i tavoli circondano la grande cucina a vista centrale, regno dello chef Ivan Scrimitore, che ha girato il mondo e ne ha portato qui un po', ben coniugandolo con il territorio e le materie prime che lo connotano. Sushi e sashimi sono elaborati al dettaglio, con grande equilibrio di gusti e consistenze. Non solo tonno, salmone (qui anche dell'ottimo selvaggio) o anguilla, ma anche orata, ricciola, gambero rosso o viola di Gallipoli. E una interessante e ricca proposta vegan. Tutto all'insegna dell'alta qualità, della sperimentazione e della precisione nella tecnica d'esecuzione. Vale per tartare, ceviche e carpacci come per il pad thai, il ramen e i wok, che ampliano il menu esplorando Oriente e cucine internazionali per tornare anche in Italia e nel Salento: è il caso della cacio e pepe o delle linguine con i ricci. Servizio professionale. Ricca carta dei vini.

LECCE

Fusion

v.le U. Foscolo, 11

0832493085 **CHIUSO** sempre aperto

fusion-restaurant.com **€** 35 CSi, Visa, MC, POS

FUSION. All'ingresso nord della città, adiacente alle mura urbiche e al complesso degli Agostiniani, questo locale, partendo dalla cucina giapponese, esplora l'Oriente in molte varianti e accoglie nei suoi spazi lineari e dalle luci soffuse. All'interno, un cortile coperto da un soffitto di fiori rosa. Ogni dettaglio è curato, dalla sala al menu. Il sushi è elaborato con equilibrio di gusti e consistenze ed è ricco di variazioni sul tema (da provare i gaio uramaki o i black steamed shrimps). Sashimi e tataki di qualità si accompagnano a un'offerta di crudi e cotti che va dalla carne al pesce alle verdure. Spazio a poke bowl, burger bao, gyoza artigianali, asian pulled pork, riso thai, teriyaki, korean bibimbap, noodles (meritano la prova quelli con burro d'ostrica e gamberi rossi), ramen, tacos fusion-asiatici. Carta dei vini con un'ampia offerta di bollicine e vini dall'Italia e dal mondo, birre orientali, sakè e tè. Servizio gentile e professionale. Ottimo servizio di consegne completamente plastic-free.

Makani by KOOKI

via L. de Simone, 12

0832243752 **CHIUSO** lunedì, aperto solo la sera

makanirestaurant.it **€** 45 CSi, Visa, MC, POS

GIAPPONESE. Alle porte del centro storico, lungo le mura del castello Carlo V, a Lecce c'è una sorta di quadrilatero che in pochi metri concentra interessanti locali e ristoranti. Tra i primi a installarsi qui questa insegna (partita come Sushisalento) Makani, che, oltre alla cucina di ispirazione nipponica, ha in menu anche piatti della cucina italiana di mare. Ambiente elegante, due sale interne e un dehors, dalle linee calde ed essenziali. Sushi e sashimi validi nei formati classici, grazie all'alta qualità delle materie prime e alla lunga esperienza dello chef, che non manca di dilettarsi con varianti improntate a estro e personalità. Da assaggiare il tocco di dolcezza e acidità dell'hosomaki con fragola o la goccia di Tabasco dell'uramaki crispy con salmone. Croccante e asciutta la tempura, con incursioni mediorientali come i piccoli samosa di verdure. Di ottimo livello le pietanze nipponiche della tradizione: zuppa di miso, con alghe o pesce, e pollo teriyaki. Servizio in sala altamente professionale e accogliente. Cantina molto ricca, dal territorio al mondo.

Shima Lounge

via 47° Reggimento Fanteria, 28

08321563841 **CHIUSO** sempre aperto

shimalounge.com **€** 40 tutte

NIKKEI. Raffinato ed esclusivo spazio su più piani, in un palazzo dei primi del '900 mirabilmente ristrutturato (che ospita il Mine & Yours Members Club), tra giardini verticali e arredi di pregio. La proposta è ampia: cucina italiana nel patio, roof e rooftop con lounge bar dedicati all'aperitivo e all'esperienza nikkei (lo chef ha radici in Perù e nonna giapponese, da cui ha ereditato cultura e tecnica culinaria). Cambiano frequentemente le proposte di uramaki, filo conduttore una naturale predisposizione alla contaminazione, equilibrata e sapiente. Nel Chifa - branzino in crosta, crema di formaggio e avocado, con salsa di ostriche, lime, erba cipollina e sesamo - le note agrumate si sposano perfettamente a quelle acide e dolci. Convincente la fiammeggiatura finale, eseguita al tavolo, che dà un piacevole calore e un leggero gusto affumicato. La scelta spazia tra gamberi, salmone, tonno, granchio, sempre con incursioni sorprendenti, dal foie gras alla mela. Ottimi i dessert. Ampia offerta di sakè, di birre giapponesi e peruviane; cantina ricchissima, dalle bollicine ai distillati (e innumerevole la scelta di gin&tonic).

NOCI [BA]

Yuki Cucina Giapponese

via Cap. Magg. Recchia, 24

0804949680 **CHIUSO** domenica; aperto solo la sera

yukiristorante.it **€** 50 tutte

GIAPPONESE. Un menu pensato in armonia con le stagioni, sempre in continuo divenire; la materia prima ittica freschissima, trattata con la massima cura nella scelta e nel taglio. È questa la filosofia degli chef Andrea Fontana e Maurizio Tinelli, allievi di Hirohiko Shoda, che lavorano ogni giorno per proporre piatti autentici della cucina giapponese. L'attenzione alla qualità si riscopre dappertutto, dai sashimi ai chirashi, o nei donburi (tartare di tonno rosso, salmone,avocado, edamame, tanto per iniziare). Guizzi di bontà negli hosomaki, sia classici che veg - alla rapa marinata o ai funghi shiitake - oppure con manzo Wagyu. Ben orchestrati gli uramaki, tra cui citiamo quello con capasanta, salsa piccante e rapa marinata, anche se meriterebbero tutti un assaggio. I gyoza sono piccole delizie da non perdere; chiusura dolce con dorayaki, mochi e kasutera. Varia la selezione di vini e bollicine che spaziano dal territorio al resto d'italia (ma anche in Francia e Germania). Ampia selezione di sakè.

POLIGNANO A MARE [BA]
Puro

via S. Vito, 15/17

0804038044 **CHIUSO** mercoledì

puro-sushi.com **€** 50 tutte

GIAPPONESE. In luoghi vocati come la Puglia, l'incontro tra la cultura nipponica del sushi e la qualità straordinaria delle materie prime di prossimità - di mare come di terra - è particolarmente felice ed è su queste premesse che è nato Puro. Il menu è vario e ricco di proposte intriganti. Tra gli antipasti non passa inosservato il battuto di gamberoni rossi con zenzero, alga nori e croccante di kataifi, così come le tartare (di tonno, salmone, scampo e anche manzo Wagyu con uova di quaglia). Ben calibrati nel dosaggio degli ingredienti i roll, che presentano valide commistioni con sapori del territorio, come il Red Tuna, con tonno rosso, riduzione di basilico, perle di olio d'oliva, cetriolo e avocado, o il Puro patate e cozze, con cozza bollita, shiso, filetto di pomodoro, aglio in polvere, chips di patate viola e pepe. Di grande soddisfazione sashimi e nigiri (questi ultimi anche nell'abbinamento capesante e foie gras o manzo Wagyu e tartufo). Non mancano valide alternative veg, nonché piatti caldi dalla cucina. La cantina si muove bene tra vini del territorio e interessanti selezioni italiane, con divagazioni tra Borgogna e Champagne.

BASILICATA & CALABRIA

BASILICATA

POTENZA

Torii Sushi Restaurant

via N. Sauro, 104

0971471241 **CHIUSO** domenica

toriisushi.it **€** 30 CSi, Visa, MC, POS

GIAPPONESE. L'ambiente curato, con tavoli ben distanziati e toni luminosi, che alternano il legno chiaro alle pareti bianche e verdi, crea una cornice di relax e prelude alla piacevole esperienza di assaggio del crudo giapponese. L'attenzione alla freschezza delle materie prime c'è e si sente, a partire dal pescato da varie zone certificate, proseguendo con il riso, cotto nella maniera giusta e che fa da compagno a frutta e ortaggi freschi. Il menu spazia tra i vari classici con alcune proposte fusion con i prodotti del territorio che risultano centrate e ben riuscite. Tra i classici del repertorio i sashimi, i nigiri e gli hosomaki. Sugli uramaki, oltre alle ricette classiche, si apprezzano anche le contaminazioni con prodotti italiani e del territorio - come il tartufo lucano o il peperone crusco. Freschi e intriganti i carpacci e le tartare. Non manca una selezione di piatti caldi dalla cucina, tra cui gyoza, zuppe e tempure. Servizio attento e cortese. Consegne anche in provincia.

CALABRIA

COSENZA

Boa Sorte

via Isonzo, 30

09841634348 **CHIUSO** sempre aperto

boasorte.eu **€** 40 CSi, Visa, MC, POS

NIPPO-BRASILIANO. In pieno centro città, un locale dagli interni ben curati e dall'atmosfera moderna. L'ampio menu alle portate di sushi più classiche affianca piatti fusion. Si parte dai nigiri ben bilanciati nelle proporzioni e consistenze. Ampia scelta di sashimi che esaltano la qualità della materia prima: oltre agli immancabili tonno e salmone, si può apprezzare quello di ricciola, insieme ai crudi di capesante e gamberi. Negli uramaki lo spirito eclettico e fusion del locale: il Cantabrico è arricchito dalla nota piccante della 'nduja con burrata e alice del Mar di Cantabria; il Bacalhau, con baccalà in tempura e crispy di porro. Nella linea "24 karati", una selezione di piatti premium, arricchiti con granella d'oro, spiccano Oro Rosa, roll con tartare di capesante, Oro Blu, tataki di ricciola. Notevole l'offerta di cocktail, dai classici brasiliani a sperimentazioni fusion, come il wasabi Martini e il Tokyo Night Daiquiri. Particolare attenzione alla presentazione dei piatti; servizio attento e cordiale.

REGGIO CALABRIA

Koma

via Via Crisafi, 24

0965375221 **CHIUSO** domenica, lunedì e martedì
€ 45 CSi, Visa, MC, POS

GIAPPONESE. Una piacevole scoperta questo ristorante che fonde i dettami del crudo nipponico con piacevoli contaminazioni di sapori provenienti dall'Italia e dal territorio circostante. Il pescato arriva freschissimo dal vicino mare, oppure da zone di pesca certificate e la qualità si apprezza al primo assaggio. Bene il carpaccio di pesce bianco con salsa al bergamotto, germogli e fiori eduli, così come l'insalata di sashimi di pesce misto, secondo gli arrivi, con insalata mista e alghe, condito con salsa di agrumi e soia. Validi i sashimi nudi e crudi, di salmone, ricciola, gambero rosso. Della stessa qualità i chirashi accompagnati dal riso, insieme a funghi shiitake, germogli di bambù e tofu fritto. Bene anche gli hosomaki - di ricciola, palamita, gambero rosso - e i nigiri. A corredo un'ampia scelta di piatti caldi, tra cui udon, secondi di carne e di pesce e tempure. Personale attento e gentile. Curato il packaging dedicato all'asporto.

SICILIA

CATANIA

Amocù

via Vecchia Ognina, 147b

095382988 **CHIUSO** sempre aperto solo la sera

amocu.it **€** 50 tutte

FUSION. Di grande impatto visivo l'imponente villa Liberty dei primi del '900, sapientemente restaurata, che ospita questo ristorante, a cui si aggiunge il design di pregio degli spazi interni, realizzati con materiali e tessuti pregiati come rame, legno di pero, velluto. Ma la forma è seguita dalla sostanza, perché questo sakè-bar propone una cucina internazionale ricercata, realizzata con materie prime di qualità e buon gusto. La fusione tra Giappone e America Latina orchestra un menu colorato e invitante in cui c'è spazio per ottime tartare, sashimi e ceviche (da provare), bao e tacos, maki, ramen ben assemblati e cotture tataki da manuale. Punto forte del locale è la terrazza dove, con la bella stagione, è possibile crogiolarsi bevendo un sakè cocktail o gin giapponese, inforcando le hashi davanti a un piatto di squisiti roll o sgranocchiando granchi thailandesi in tempura. Beverage all'altezza delle aspettative per quantità e qualità delle referenze. Empatico il servizio.

Dakoky

via Firenze, 114

095505186 **CHIUSO** sempre aperto

dakoky.com **€** 35 CSi, DC, Visa, MC, POS

GIAPPONESE. Il vivace quartiere intorno a corso Italia è sempre stato denso di valide insegne per i food lover, arricchite dall'arrivo di questo fusion restaurant votato alla qualità. Lo stile moderno dalle forme lineari evoca l'atmosfera orientale; legno e bambù arredano una grande sala in cui la luce soffusa e i toni del grigio e del verde muschio invitano al relax. La gestione è giovane, dinamica e preparata, sui piatti e su vini e sakè, ai quali è riservata una carta con etichette di qualità, abbordabili anche grazie alla mescita Coravin. Tutti i classici della cucina giapponese sono ben eseguiti e realizzati con gli ingredienti giusti: dalla zuppa di miso a soba e udon; dai sashimi alle tartare di pesci e crostacei; dai nigiri ai maki sushi. Tra le tante combinazioni ricordiamo il buonissimo Dakoky Royal, uramaki con gamberi in tempura, wakame, mango, tartufo ed edamame. Altra insegna in viale Ruggero di Lauria, 2/4 (sul mare) e una storica a Siracusa, in viale Montedoro 54/56, a due passi da Ortigia.

CATANIA
Oxidiana

via Conte Ruggero, 4a

095532585 **CHIUSO** sempre aperto solo la sera

oxidiana.it € 40 CSi, DC, Visa, MC, POS

GIAPPONESE. Un'istituzione in città e un riferimento solido, oltre che storico, per la cucina del Sol Levante, dal 2001 questa insegna scrive la storia catanese del buon sushi. Un locale apprezzabile per l'ambiente raffinato, per la cura con cui si lavorano le materie prime e per la capacità di mantenere alta, ancora oggi a vent'anni dall'apertura, l'asticella della qualità senza compromessi. Conviene andare con le idee chiare su cosa mangiare perché il menu è ampio e a leggerlo si rischia di voler provare tutto. Scegliete quest'insegna per la bontà e la dedizione con cui viene preparato il sushi, ma anche per il delizioso tofu in umido, il tonno shabu-shabu, i gyoza di maiale, zucca e tartufo e il ramen con maiale, wakame, shiitake e uovo marinato. Il personale di sala è preparato e ha capacità di dispensare buoni consigli leggendo alla perfezione i desideri dei commensali. Profonda e ben congegnata la carta dei vini, la proposta di sakè e di miscelati.

Sushilive

via Etnea, 318

095311272 **CHIUSO** domenica a pranzo e lunedì

sushilive.it € 30 CSi, Visa, MC, POS

GIAPPONESE. Nel mare magnum di ristoranti etnici che da qualche tempo aprono in città questa è una bella realtà da frequentare per l'ottimo rapporto qualità prezzo. La location è centralissima, gradevole negli arredi, curata e pulita. Preciso il servizio e disponibile il personale, che accoglie con professionalità e premura le richieste dei clienti. In menu tutti i grandi classici della cucina giapponese, ben fatti: dai gyoza ai takoyaki (frittelle della cucina di Osaka a base di polpo e katsuobushi), dalle buone tempure alle cup rice saporite e condite, dalle zuppe allo yakitori. È, però, sui maki che gli chef si esprimono al meglio: riso cotto a puntino, accostamenti bilanciati e bella presentazione fanno dei roll (generosi nelle dimensioni) delle vere prelibatezze. Tra gli special provate Shibasu (spigola flambata, tartufo nero, fagiolini in tempua, avocado e tobiko) e Suzuki (tartare di gamberi rossi di Mazara, tempura di gamberi e salsa cocktail). Esile la lista dei vini e dei sakè.

MESSINA
Kajiki

via XXVII Luglio, 112

0906402915 **CHIUSO** lunedì, aperto solo la sera
www.kajikimessina.it € 40 CSi, Visa, MC, POS

GIAPPONESE. Luminoso, essenziale, accogliente, così potremmo definire l'ambiente che caratterizza Kajiki, con un grande giardino d'inverno che dà su una fitta vegetazione e una cucina a vista che permette di ammirare il lavoro dei sushimen. C'è l'imbarazzo della scelta tra carpacci - di tonno, pesce spada, salmone, polpo - e tartare, in cui il pesce si accompagna a frutta e ortaggi freschi (più una tartare di manzo di Kobe). E la freschezza del pescato si apprezza anche con i nigiri, nelle classiche varietà, più qualche guizzo da non perdere, come quello ai ricci di mare, oppure quello con pesce bianco, capperi e limone, con fresche citazioni del territorio. La scelta degli uramaki contempla vari classici fatti a mestiere, come California o Spicy Tuna, e parecchie divagazioni, più varie scelte veg. Freschi e croccanti anche i temaki, gli hosomaki - una delizia quello alla ventresca di tonno! - e i gunkan avvolti dall'alga nori. Ampia scelta di piatti caldi dalla cucina, come gyoza, ramen e soba, o ricette di carne e di pesce. Molto ampia la selezione dei vini con etichette nazionali e non, più una bella selezione di cocktail.

MODICA [RG]
Ku Fù Sicilian Japanese Bistrot

via C. Grimaldi, 74

3318959547 **CHIUSO** sempre aperto € 35 tutte

FUSION. Un format unico nel suo genere quello creato da Luca Stracquadanio tra i vicoli di Modica bassa, a due passi dal via vai di corso Umberto I. Lo chef-patron ha trascorso diversi anni in giro per il mondo e poi ha portato la sua esperienza qui, dove rivendica una cucina cosmopolita con un menu fusion conciso: qualche antipasto caldo, sashimi e tartare di pescato freschissimo, un paio di tipologie di futomaki, gyoza e pochi altri fuori carta improvvisati grazie alla capacità di adattare i piatti ai gusti dei commensali e in base alla disponibilità giornaliera di pesci, carni e verdure. Un sicilian japanese bistrot dal nome ironico (in siciliano "cu fu?" significa "chi è stato?") in cui il perfetto connubio tra Oriente e Occidente ha il sapore dei Cavaddudon (udon di grani antichi siciliani conditi con carne di cavallo, cipolla di Giarratana, funghi, nori e oyster fish spicy sauce). Carta dei vini esile, territoriale e di qualità, birre artigianali e miscelati ben fatti. Il servizio (a volte un po' lento) è cortese, l'atmosfera intima.

PALERMO

Aiko Sushi

via E. Parisi, 9

3924916438 **CHIUSO** lunedì, aperto solo la sera
€ 35 CSi, Visa, MC, POS

GIAPPONESE. L'ambiente molto elegante dai toni scuri e dalle luci basse è il biglietto per un viaggio tra i sapori più genuini del crudo nipponico. Fresco e ben selezionato tra i mari di prossimità o tra luoghi certificati, il pesce è valorizzato dal giusto taglio e declinato in tante deliziose ricette. Come le tartare e i carpacci, i sashimi (di tonno, salmone, pesce bianco), i nigiri (di salmone, tonno, capasanta, gambero rosso di Mazara del Vallo) in cui il pesce si accompagna a un bocconcino di riso dalla corretta consistenza, e che si declinano anche in una sezione special. Ben calibrati nel dosaggio degli ingredienti gli hosomaki, i temaki e i futomaki. Sugli uramaki, oltre ai classici meritano un assaggio il Riccio, con gambero in tempura, tartare di gambero, tobiko e polpa di ricci, oppure quelli a base di gamberoni rossi. Si beve attingendo a una piccola selezione di vini italiani. Il personale è gentile e sorridente.

Chan Sushi Bar

via G. Sciuti, 104

0916268179 **CHIUSO** sempre aperto
chansushibar.it € 35 CSi, Visa, MC, POS

ASIATICO. Da diversi anni in città questo è un riferimento per la cucina etnica con un ottimo rapporto qualità prezzo. A rendere sostenibile un locale che basa il proprio menu su materie prime non proprio economiche è sicuramente l'elevato turnover garantito dai "grandi numeri", ma gli spazi sono ampi e il servizio ben organizzato, e con tavoli anche all'esterno il locale non è mai sovraffollato. Tutto è curato, dalla scenografia dei piatti alle dimensioni dei sushi roll, il motivo principale per frequentare questo ristorante, ma non l'unico visto che la cucina si esprime anche con proposte thailandesi, cinesi, vietnamite, più le colorate poke bowl hawaiane. Ben fatti i nigiri, variegata la scelta di temaki e uramaki; tra questi ultimi segnaliamo quello con avocado, salmone affumicato e crema di zafferano. Da bere qualche valida etichetta (per lo più di bianchi), tè, sakè e miscelati. La possibilità di optare per la formula "all you can eat" è attiva sia a pranzo che a cena (rispettivamente a 16 e 25 euro).

Ishi

via G. Castriota, 2

3887537259 **CHIUSO** sempre aperto

ishicity.it € 35 tutte

FUSION. A due passi dalla quiete del Giardino Inglese e dalla mondana via della Libertà, Ishi è piacevole da frequentare per l'atmosfera cool che caratterizza gli interni, moderni e raffinati nelle soluzioni d'arredo e per il menu invitante e variegato, che propone piatti fusion realizzati con buone materie prime. A dominare la sala un bel banco bar nel quale far tappa per iniziare l'esperienza con uno dei signature cocktail in carta o un classico ben eseguito. Alla base della cucina un intrigante mix tra Giappone e Brasile che nei piatti si traduce in una sintesi tra il garbo della prima e l'esuberanza della seconda. Golose le proposte di primi e secondi, ma è il sushi il protagonista del menu, con uramaki e hot roll in testa: assaggiate l'Ostrica (con molluschi in tempura, carpaccio di capesante, gelo di mandarino e ikura) e il Fuji (con baccalà in tempura, tartare di gamberi rossi, pepe rosa e salsa al basilico). Interessante la proposta delle box per l'asporto a prezzi fissi. Snella la lista dei vini con alcune referenze internazionali, ma incentrata sul territorio.

Sushilab Mazzini

via G. Mazzini, 5/7

3931291969 **CHIUSO** lunedì

€ 50 tutte

FUSION. Filippo Gugino, chef di rinomata esperienza, con coraggio e intraprendenza ha dato vita ad un format unico in città: un sushi restaurant d'autore che in sashimi, maki e nigiri distilla profonda conoscenza del territorio e passione per cultura e ingredienti del Sol Levante. Estro, tecnica e contaminazione sono dosati con consapevolezza in ogni piatto, dal più esotico come l'hosomaki con scampi, mango e lime al più mediterraneo Oro di Mare, uramaki con scampi e ricci. Il menu, ampio e intrigante, propone piatti caldi molto interessanti come il baccalà mantecato e le deliziose arancinette con pesce bianco e tartufo, salsa di pistacchio basilico e mandorle, e porro fritto. Toni scuri e luci calde rendono l'atmosfera intima e rilassante. Il personale è gentile, premuroso e abile nel consigliare gli abbinamenti. La cantina, orientata ai bianchi e alle bollicine, attinge a piene mani dal repertorio vinicolo isolano senza tralasciare birre artigianali, sakè e qualche salda referenza internazionale.

SANT'AGATA LI BATTIATI [CT]

Nuk Urban Sushi Bar

via Umberto, 4

0952881695 **CHIUSO** sempre aperto

sushinuk.com **€** 40 tutte

GIAPPONESE. Luce, colore e qualità sono le parole d'ordine di questa insegna per la quale vale la pena raggiungere l'hinterland catanese. Tutto è curato nei dettagli, dallo stile degli arredi alle piante del giardino zen, suggestivo di sera quando le luci illuminano la zona lounge in cui vengono serviti cocktail e aperitivi. La raffinata mise en place è foriera di un menu fine e ricercato nella presentazione dei piatti e nell'organizzazione della vastissima cantina, in parte a vista, che vanta referenze interessanti. La cucina è il punto forte: freschi e ben sfilettati i pesci del sashimi mix (ricciola, tonno e salmone); azzeccati gli abbinamenti dei roll, dal Nuk Yellow Teka (salmone, avocado, ricciola, perlage di tartufo e gambero rosso) allo Shad Roll (gamberi in tempura, formaggio fresco, mango e cipolla caramellata). Ricca la lista di nigiri, maki e gunkan; validi i piatti caldi, dagli yakisoba al tataki di tonno. Servizio in linea con il tono del locale. Altre sedi a Nicolosi, Siracusa e Catania (qui solo per delivery e take away, vedi appendice).

SARDEGNA

CAGLIARI

Tao

via S. Sonnino, 48

0708577572 **CHIUSO** lunedì a pranzo

€ 40 tutte

FUSION. Tao è un locale elegante e ampio, in pieno stile orientale. Si distingue per i tavoli bassi tipici giapponesi. Oltre al servizio da asporto e consegna a domicilio, è piacevole godersi il pranzo o la cena tra luci soffuse e cimeli esotici. Il menu è molto vasto, si può iniziare con i kobachi, piccole entrate fredde, o con gli zensai (piatti caldi, ideali sempre come antipasto). Si prosegue con insalate, carpacci e tartare per poi avere una sezione interamente dedicata al sushi, divisa tra sashimi, nigiri, gunkan, uramaki e i signature rolls, in pratica uramaki speciali dove la creatività della cucina si fa sentire. Una ventina di soluzioni tra verdure crude e cotte, tempura di gamberi, tonno piccante, avocado e tanti altri ingredienti sempre avvolti dai classici rotolini di riso. Per accompagnare tè, sakè, birre giapponesi e una buona carta vini con bollicine, Champagne, vini bianchi e rossi.

NUORO

Shibuya

via S. Francesco, 8

07841908022 **CHIUSO** domenica

€ 35 CSi, Visa, MC, POS

GIAPPONESE. I toni chiari dell'ambiente contrastano con i tavoli scuri, ordinati e ben distanziati, creando un'ambientazione elegante e minimalista, che lascia subito spazio al sushi, protagonista dell'offerta. La freschezza del pesce si apprezza al primo assaggio: ne sono subito un ottimo esempio i carpacci e le tartare, i sashimi e altre deliziose crudité come le ostriche provenienti da zone selezionate o i gamberoni rossi (che allietano anche i meno avvezzi al sushi nei piatti caldi). Equilibrati anche i nigiri, con tonno, salmone, anguilla, gambero, pesce bianco adagiati sul riso caratterizzato da buona cottura. Freschi e golosi gli hosomaki e i temaki; non mancano alcune versioni vegetariane. Ben equilibrati anche gli uramaki in cui si apprezza il corretto dosaggio del pesce con la frutta, gli ortaggi freschi e le salse. Il personale accoglie gli ospiti con garbo, guidandoli nelle scelte più azzeccate con consigli utili.

OLBIA
Yoku Sushi
v.le A. Moro, 183
3884598851 **CHIUSO** lunedì
www.yokusushi.it € 35 tutte

GIAPPONESE. Nel cuore della città di Olbia un locale elegante nato allo scopo di creare un'esperienza autentica per chi ama i sapori del crudo nipponico in un ambiente curato. Il menu è vario e intrigante, con tante crudité. A partire dalle tartare - da provare quella di aragosta - proseguendo con carpacci e sashimi. Ben fatti i nigiri - di polpo, branzino, gambero rosso, tonno, salmone e anguilla grigliata - così come i gunkan, presenti in ricette classiche e anche in contaminazioni (come l'Uzura, salmone all'esterno con uova di quaglia, ikura, olio al tartufo e una goccia di ponzu). Gli uramaki si declinano nei classici California, Spicy Tuna e Spicy Salmon e in una miriade di varianti (tra cui non si possono mancare gli Snow con gambero fritto, avocado esterno, tartare di astice sopra e mayo). Sono molte le declinazioni vegetariane da provare, oltre a un'ampia scelta di piatti caldi. Piccola selezione di bianchi e bollicine italiane, più qualche birra giapponese.

PORTO CERVO [SS]
Finger's
via del Porto Vecchio, 1 Promenade du Port
078994160 **CHIUSO** sempre aperto
fingersrestaurants.com € 60 tutte

NIPPO-BRASILIANO. Cornice esclusiva in Costa Smeralda da oltre un decennio per l'insegna di Roberto Okabe (vedi schede a Milano e a Roma) che fonde la cucina nipponica di alto livello con arte, design e arredi curati in ogni dettaglio, per creare un'esperienza a 360 gradi alla scoperta di piatti e luoghi lontani. Il mix è quello tra la raffinatezza giapponese e il brio dei sapori brasiliani, sudamericani e mediterranei, con una materia prima di base di assoluta qualità. Deliziosi i carpacci di branzino, salmone, tonno, serviti su un fresco gazpacho, oppure le insalate. Da assaggiare i nigiri, in cui il riso, della giusta consistenza, si accompagna alla ricciola, al gambero rosso, al salmone, al branzino (ma anche al manzo Wagyu con foie gras). Sui maki c'è l'imbarazzo della scelta, tra classici e fantasiosi special, come l'Elis Roll con capasanta, fiori di zucca in tempura, cream cheese, avvolto nel salmone. Non mancano selezioni di sushi vegetariano, ma anche piatti caldi di pesce e di carne, tempure, preparazioni di riso e spaghetti. Scelta di vini e birre all'altezza dell'offerta.

APPENDICE
I migliori take away, delivery e dark kitchen

PIEMONTE

TORINO

Japs! e delivery

01119717470 **CHIUSO** sempre aperto
www.japs.it **€** 25 CSi, DC, Visa, MC, POS

La mini catena Japs!, con vari locali in città (vedi scheda), da ben prima che il delivery divenisse necessità, consegna il sushi a casa dei torinesi in tutti i quartieri (e nella prima cintura), utilizzando rider aziendali. Si possono ordinare set di nigiri e sashimi misti, i gustosi uramaki, i temaki, i chirashi, ma anche le altre specialità dell'insegna, dai ramen ai gyoza. Tutto è preparato al momento, per questo si chiede un preavviso di almeno un'ora per l'ordine, che può essere effettuato online o al telefono.

LOMBARDIA

MILANO

Aji

via Piero della Francesca, 17
0225061889 **CHIUSO** lunedì tutto il giorno
www.aji.mi.it **€** 40 tutte

L'Oriental Take Away di Claudio Liu non ha bisogno di presentazioni: da una squadra così solida nella diffusione della cucina giapponese in Italia (due nomi: Iyo e Aalto - part of Iyo) non potevano che sorgere grandi cose. E in effetti questo è uno dei migliori locali da asporto in circolazione, con set di grandi sashimi, chirashi, nigiri, hosomaki, uramaki e oshi, tutto al top. Non mancano i piatti caldi, come yaki soba o tataki. La consegna, superati i 40 euro di spesa, è gratuita.

Armonico

via Pastrengo, 15
0245487806 **CHIUSO** sempre aperto
armonico.it **€** 35 CSi, Visa, MC, POS

La cura del dettaglio è evidente fin dal contatto con gli operatori in chat sul sito, pronti a venire incontro alle richieste del cliente. Quest'insegna di nascita recente, attiva per asporto e delivery in proprio, propone un sushi di gran qualità, con preziosi box di degustazione o una scelta alla carta, che va dall'ottimo sashimi, in cui è palpabile la qualità del pesce, ai roll dagli abbinamenti raffinati. Non mancano le opzioni veg, ottima la scelta di sakè.

MILANO
Ichi Station
via G. Fara, 33

0239288436 **CHIUSO** sempre aperto
www.ichistation.it € 35 tutte

Il maestro Haruo Ichicawa, dopo essersi rimesso in gioco con il suo ristorante omonimo, firma la proposta di questa insegna dedicata al sushi da asporto (quattro le sedi in città, sul sito tutte le informazioni). Una app dedicata, servizio di delivery sulle piattaforme più note, per sushi e poké di ottima fattura. Intriganti le composizioni di roll, che ammiccano anche ai sapori italiani; classici o fusion pure sashimi e nigiri, da quello di gambero rosso all'abbinata manzo e foie gras.

TRENTINO ALTO ADIGE

ROVERETO [TN]
Al Silenzio - Laboratorio Culinario
b.go Santa Caterina, 9

0464422476 **CHIUSO** domenica, lunedì e martedì
al-silenzio.it/laboratorio.html € 25 CSi, Visa, MC, POS

Nata della mente della famiglia Grisi (del ristorante Al Silenzio) una bottega con laboratorio a vista, una dispensa fornita, un banco di gastronomia che permette di portare a casa i prodotti della cucina (da ben prima che l'asporto fosse una necessità). Il laboratorio è interamente dedicato al Trentin Sushi: dalle opzioni tradizionali a quelle veg (dalle forme non sempre ortodosse), fino alla specialità di casa, il sushi con pesce d'acqua dolce trentino (trota e salmerino). Consigliamo di dare un occhio allo scaffale vini e alla proposta dolce.

EMILIA ROMAGNA

BOLOGNA
Sicilyn
via Massarenti, 54f

3703435579 **CHIUSO** lunedì e sabato a pranzo, domenica tutto il giorno
www.sicilyn.com € 25 CSi, DC, Visa, MC, POS

Un locale, quello di Daniele Greco e Noriko Tayama, piccolo nelle dimensioni, ma grande nelle aspirazioni, nato dall'incontro tra i sapori nipponici e quelli siciliani: le forme del sushi (dai gunkan ai temari) arricchite da prodotti come i gamberi di Mazara, il pistacchio, i capperi. Ci si accomoda ai pochi tavoli disponibili oppure si opta per asporto e consegna a domicilio per gustare ottimi chirashi, sashimi dal taglio preciso, nigiri di gamberi con rucola, pistacchio e pomodoro secco, oppure di tonno e tartufo nero.

TOSCANA

AREZZO

House of Sushi

via A. Dal Borro, 86e

3755666618 **CHIUSO** lunedì; aperto solo la sera

www.houseofsushi.it **€** 25 AE, CSi, DC, Visa, MC, POS

Un giovane progetto di asporto e consegne a domicilio con base in un piccolo locale dove è possibile accomodarsi per degustare i piatti in loco, senza servizio al tavolo. Il menu è classico, con nigiri, gunkan e sashimi a base di tonno, salmone, gambero rosso oppure branzino, curati nella forma ed equilibrati nei sapori, insieme a temaki e roll proposti anche in versioni più sfiziose, come il Country (tonno, pomodoro, briciole di pane e olio al basilico). In aggiunta opzioni veg, tartare, ceviche e gli starter tipici della cucina giapponese.

SESTO FIORENTINO [FI]

Oh Sushi

via Petrosa, 19

(all'interno del Centro Commerciale Ipercoop)

0554484418 **CHIUSO** domenica sera

€ 30 tutte

Il servizio di delivery e asporto di Aldo Cursano, già conosciuto dai fiorentini per la valida proposta del ristorante Kome (vedi scheda), omaggia la cucina giapponese con una selezione di sushi ben fatto, con nigiri classici o fiammati, sashimi di tonno e salmone, ma anche di pesce bianco del giorno, uramaki e gunkan in tante versioni, oshizushi, temaki e così via. Non mancano tartare e carpacci, insieme a qualche piatto caldo.

LAZIO

ROMA

Ramè

via F. Portinari, 33

0685389597 **CHIUSO** lunedì

ramesushi.it **€ 45** CSi, Visa, MC, POS

Proposta mediterranea per questa originale insegna che sposa il riso originario del vercellese con materie ittiche di prima qualità (dal tonno rosso pinna blu ai gamberi di Mazara del Vallo). Nigiri con un tocco personale, gustosi roll generosi nel pesce, originali chirashi e fresche tartare. Ottimo l'onigiri con alici del Cantabrico, stracciata di bufala, terra di olive e crumble salato al limone. Nel locale ci sono alcuni posti a sedere, ma si effettuano soprattutto asporto e delivery, con packaging curato e plastic free. Le preparazioni sono tutte senza glutine con certificazione AIC.

Sushi Society

via Braccio da Montone, 103

3517490733 **CHIUSO** sempre aperto

www.sushisociety.it **€ 30** tutte

Materie prime selezionate con cura, attenzione per il cliente, packaging senza plastica: così si presenta questo servizio di asporto e delivery nato al Pigneto. In menu roll dagli abbinamenti centrati e non pacchiani, maki e gunkan proposti nelle versioni classiche, così come i nigiri, anche in versione con pesce scottato. Non mancano sashimi e tartare (ottima quella di gambero rosso di Mazara del Vallo con extravergine, lime e pepe). Con le consegne gestite in proprio, il servizio a domicilio ha una marcia in più. Ci si può anche fermare a mangiare in loco.

CAMPANIA

NAPOLI

Sushi and co.

via Cardinale G. Sanfelice, 15

0814202414 **CHIUSO** lunedì e domenica tutto il giorno

sushiandcorestaurant.it **€ 30** tutte

Due locali (l'altro è a Portici, in via Malta 3b) per la linea informale del gruppo J, che, in materia di cucina asiatica, ha già una punta di diamante come l'insegna J Contemporary. Il menu è vario e colorato, dai gyoza alle tartare, dalle tortilla alle tante sfumature di roll dalle ricche farciture. Nei set misti anche nigiri e sashimi ben fatti, con materia prima di qualità e certificazione sostenibile. In entrambe le sedi si può mangiare sul posto; le consegne a domicilio sono gestite da driver interni.

TELESE TERME [BN]

8pus

via San Giovanni, 59

0824972849 **CHIUSO** sempre aperto

www.8pus.it **€** 40 tutte

Intrigante l'ultimo progetto di Giuseppe Iannotti, lo chef sannita dalla creatività raffinata del Kresios di Telese Terme. 8pus è un fish delivery con una marcia in più, data dal rigore e dall'ampiezza della proposta. Materie prime di gran livello declinate in piatti di ispirazione orientale o fusion, dal katsu sando di otoro al bao con ombrina, kimchi e wakame. Non manca il sushi, con nigiri e gunkan ottimi, elaborati con riso di Niigata e pescato fresco, disponibile nelle versioni Ready to Eat (per consegne in zona) e Ready to Cook (spedizione in tutta Italia con corriere refrigerato).

PUGLIA

BRINDISI

Bento

vico de' Palmieri, 6

3381354874 **CHIUSO** martedì e mercoledì; aperto solo la sera

€ 25 CSi, Visa, MC, POS

Un laboratorio molto amato in città per una proposta elaborata con cura di sushi a tutto tondo, dai classici nigiri e sashimi (di tonno, salmone, ricciola), fino alle varietà di maki. I futomaki, ad esempio, sono anche in versione mediterranea (con pomodoro secco, menta, pesce e avocado), gli uramaki nelle versioni note e qualche tocco in più, come mandorle e sciroppo d'acero. Ci si affida a Fausto per variazioni creative. Tra i dolci ottimi dorayaki. Qualche tavolo per mangiare in loco.

SICILIA

CATANIA

Nuk

via G. Leopardi, 78

0956684621 **CHIUSO** sempre aperto

www.sushinuk.com **€ 40** CSi, DC, Visa, MC, POS

Varie le sedi fuori città per i ristoranti di questa insegna, che qui a Catania invece è dedicata ad asporto e delivery. L'offerta è ampia e curata, spazia dal sushi ai tacos, dai piatti di carne e pesce ai dessert dal gusto siciliano. Si può optare per gli Special Box e lasciar fare allo chef, oppure ordinare alla carta. Tartare, carpacci e sashimi valgono l'assaggio, così come i nigiri di gambero rosso o di salmone dell'Alaska. Tra gli uramaki spazio alla contaminazione, come nel Salina (tonno, rucola, pomodori secchi, con copertura di tonno, finger lime, capperi, menta).

SARDEGNA

CAGLIARI

Bento

via Gianturco, 14

3441582335 **CHIUSO** lunedì e domenica tutto il giorno

€ 25 tutte

Nel piccolo e grazioso locale solo un bancone da pochissimi posti separa lo spazio a disposizione dei clienti dal laboratorio. La classica tendina fa intravedere i cuochi all'opera (principalmente per l'asporto e la consegna a domicilio). Il menu è diviso tra piatti freddi e caldi, poi c'è l'immancabile sushi. Si può iniziare con il chirashi o optare per hosomaki, temaki (davvero superlativi), uramaki o futomaki. Ovviamente c'è anche il sashimi, come i nigiri (di tonno, salmone, butterfish - anche scottati - di polpo, gamberi al vapore o dolci crudi, di anguilla in salsa kabayaki). La qualità è assicurata, la temperatura di servizio perfetta, le proporzioni centrate.

QUARTU SANT'ELENA [CA]

Secci Sushi

p.zza G.B. Dessì, 3

3479885925 **CHIUSO** domenica e lunedì

www.seccisushi.it € 25 tutte

La famiglia Secci si occupa di pescato dagli anni '50 e nel 2008 dà vita al primo take away della città dentro al mercato di San Benedetto. Poi nasce anche Secci Sushi, con cui Davide Secci, grazie alla preziosa collaborazione dello chef giapponese Takashi Shimatzu, sposa prodotti ittici sardi di alto livello con l'autentica tradizione nipponica. Il locale è specializzato unicamente su asporto e delivery, si può optare per le singole tipologie o orientarsi sulle combo, composte alla perfezione. Qualità altissima e servizio efficiente sono sempre assicurati.

INDICE

VALLE D'AOSTA

PIEMONTE

LIGURIA

LOMBARDIA

INDICE